ANTE EL AUTO DE FE DE PEDRO BERRUGUETE

UNA REFLEXIÓN SOBRE LA INQUISICIÓN ESPAÑOLA

COLECCIÓN FÉLIX VARELA # 47

EDICIONES UNIVERSAL, Miami, Florida, 2015

JUAN DE ISASA

ANTE EL AUTO DE FE DE PEDRO BERRUGUETE

UNA REFLEXIÓN SOBRE LA INQUISICIÓN ESPAÑOLA

Copyright © 2015 by Juan de Isasa

Primera edición, 2015

EDICIONES UNIVERSAL
P.O. Box 450353 (Shenandoah Station)
Miami, FL 33245-0353. USA
Tel: (305) 642-3234   Fax: (305) 642-7978
e-mail: ediciones@ediciones.com
http://www.ediciones.com

Library of Congress Catalog Card No.: 2015944009
ISBN-10: 1-59388-270-X
ISBN-13: 978-1-59388-270-9

Composición de textos: María Cristina Salvat

Diseño de la cubierta: Luis García Fresquet

En la portada reproducción de la pintura «Auto de fe» de Pedro Berrugete (Museo del Prado, Madrid, España).

Todos los derechos
son reservados. Ninguna parte de
este libro puede ser reproducida o transmitida
en ninguna forma o por ningún medio electrónico o mecánico,
incluyendo fotocopiadoras, grabadoras o sistemas computarizados,
sin el permiso por escrito del autor, excepto en el caso de
breves citas incorporadas en artículos críticos o en
revistas. Para obtener información diríjase a
Ediciones Universal.

ÍNDICE

INTRODUCCIÓN 7

AUTO DE FE. CAPÍTULO I: EL MUNDO EN 1450 17

AUTO DE FE. CAPÍTULO II: ESPAÑA EN LA MITAD
    DEL SIGLO XV 27

AUTO DE FE. CAPÍTULO III: LOS JUDÍOS EN ESPAÑA . . . 37

AUTO DE FE. CAPÍTULO IV: PAREDES DE NAVA 45

AUTO DE FE. CAPÍTULO V: PEDRO BERRUGUETE
    Y LA ORDEN DE PREDICADORES 51

AUTO DE FE. CAPÍTULO VI: LA INQUISICIÓN MEDIEVAL.
    SUS ORÍGENES 61

AUTO DE FE. CAPÍTULO VII: EL CONVENTO DE
    SANTO TOMÁS DE ÁVILA 69

AUTO DE FE. CAPÍTULO VIII: LA SUPREMA 73

AUTO DE FE. CAPÍTULO IX: EL PROCESO 83

AUTO DE FE. CAPÍTULO X: EN EL MUSEO 91

AUTO DE FE. CAPÍTULO XI: EL HORROR 101

AUTO DE FE. CAPÍTULO XII: PEDIR PERDÓN 105

REFLEXIÓN FINAL 113

INTRODUCCIÓN

Seguramente cuando se estudien los cambios del lenguaje producidos a lo largo de los tiempos, una de las características que definirán nuestra época, será la llamada «corrección política».

Se pretende no molestar a ningún «colectivo» cuando se habla y para ello se evitan palabras que se consideran injuriosas o molestas, se inventan expresiones teóricamente asépticas, se realizan circunloquios... En vez de negro, subsahariano...

Nadie duda de que el lenguaje puede ser un arma ofensiva y que a lo largo de los tiempos en todas las lenguas se han perpetuado palabras y expresiones que denotan violencia, menosprecio, agresividad...

Pero en muchas ocasiones tratar de ser «políticamente correcto» resulta una ridiculez por tener que dar tanta vuelta que al final se olvida lo que se quiere decir. Hay ejemplos realmente grotescos que mueven más a la risa que a otra cosa. La próstata de la carta, la cara esterilizada, ponerse como un obelisco...

Hace ya tiempo he renunciado a ser «políticamente correcto». Me parece que detrás de esa expresión se esconde una cierta dosis de hipocresía. Se cambian las palabras, pero no se hace nada para cambiar la realidad. Además hay cuestiones que no admiten paños calientes ni subterfugios lingüísticos, so pena de ocultar la realidad bajo un supuesto manto de corrección.

Decía Cela en su «Diccionario Secreto» que «la pudibundez léxica del español, es una determinante claramente judía. El cristiano viejo era mal hablado, porque no tenía miedo a nadie».

Tal vez sea verdad. En cualquier caso no pretendo, ni mucho menos, ser mal hablado. Lo que si procuraré, es decir lo que pienso y siento, sin rodeos especiales ni equilibrios absurdos que busquen un compromiso con los unos y con los otros.

Este libro nace como una necesidad personal de enfrentarme con una realidad molesta, incómoda, lacerante, que en cierta manera persigue desde hace siglos a los cristianos: la Inquisición. Y de forma muy especial a los cristianos españoles, porque como dice Fernando García de Cortázar en «Los mitos de la historia de España»:

«Cuando se habla de España se piensa en la Inquisición, la intolerancia, la sangre caliente, los generales del XIX y las dictaduras del XX. Cuando se habla de Francia se piensa en el país de Voltaire y la Marsellesa, pero no se recuerda el trato vejatorio que sus gobernantes dieron a los fugitivos de la guerra civil española ni que el gobierno de Vichy detuvo a decenas de miles de judíos y los envío en trenes franceses a los campos de concentración alemanes».

En cierta forma es responder a la pregunta: ¿se puede ser cristiano después de la Inquisición?. Pregunta semejante a la que tras el holocausto se hicieran muchas personas: ¿se puede seguir creyendo en Dios después de Auschwitz?

Dice Imre Kertész, premio Nobel de literatura y antiguo condenado en los campos de exterminio nazis, que después de Auschwitz ya solo pueden escribirse versos sobre Auschwitz.

Tampoco hay un intento de justificar o explicar lo que me parece difícilmente explicable y en ningún caso justificable.

Pero aún sabiendo que no encontraría una respuesta, la pregunta me la tenía que hacer.

En realidad la pregunta me la han hecho multitud de personas, con mejor o peor voluntad, con sinceridad o con una cierta dosis de complacencia.

Por eso, ante la posibilidad de escribir una reflexión sobre un cuadro, elegí el «Auto de fe presidido por Santo Domingo».

Además se trata de una obra de un artista español, que es fácil de localizar en el Museo del Prado donde se encuentra actualmente tras haber sido pintado para un lugar muy diferente y haber pasado por varios emplazamientos hasta recalar definitivamente en el Prado.

Por otra parte es una obra sumamente conocida ya que siempre que aparece un libro o un artículo sobre el tema de la Inquisición, es muy probable, que se ilustre el texto con esta obra de Pedro Berruguete.

Otro cuadro famoso que representa también un auto de fe y que se puede contemplar en el Museo del Prado, es de Francisco Rizzi, «Auto de fe en Madrid».

Tenemos de este suceso, una abundante y prolija descripción, que nos permite seguir paso a paso el desarrollo de aquel Auto de Fe.

El 30 de junio de 1680 a instancias del Inquisidor General y Obispo de Plasencia, D Diego Sarmiento Valladares y con el beneplácito del rey Carlos II, se realiza en la plaza mayor de Madrid un auto de fe. Se encarga la realización de las tribunas al arquitecto y familiar de la Inquisición, D José del Olmo. Se emplearon ricos tapices y colgaduras y se instaló un gran toldo en la plaza, para preservar del sol a los espectadores. Se formó una compañía de 250 soldados de la fe, con uniformes, arcabuces, mosquetes... Son los encargados de llevar la leña fuera de la puerta de Fuencarral, donde se ha instalado la pira para la ejecución de los reos.

A más de 80 personas pertenecientes a las principales familias de la corte, se les ha nombrado familiares de la Inquisición, para que acompañen en la solemne procesión a los condenados. Esta procesión, llamada de la cruz verde y de la cruz blanca, tiene lugar el día anterior a la celebración del auto de fe, y va precedida por el estandarte de la Suprema, que es llevado en esta ocasión por el primer ministro, duque de Medinaceli, y recorre las calles principales de la Villa y corte.

El día señalado para la celebración del Auto de fe, la procesión formada por los Consejos, tribunales y corporaciones religiosas, se pone en marcha desde la mañana temprano ya que son 120 los reos que han de ser juzgados. La procesión va encabezada por el escudo de la Suprema y Santa Inquisición, que tenía en el centro una cruz, y junto a ella una espada y un ramo de olivo. Alrededor una leyenda tomada del salmo 73: «Exurge Domine et judica causam tuam».

La cruz reverdece como signo de vida, el olivo es símbolo del perdón y la espada de la justicia. En la plaza, el Inquisidor General toma juramento al rey y celebra la misa.

Luego se leen las sentencias lectura, que no acaba hasta pasadas las cuatro de la tarde. Luego, los relajados son conducidos a la pira y quemados muertos los arrepentidos y vivos los recalcitrantes.

Desde tiempos de Fernando III el santo, los reyes tocaban con sus manos los haces de leña que se iban a utilizar para las hogueras purificadoras.

Hasta las nueve de la noche no termina el Auto de fe.

Francisco Rizzi inmortalizó este acontecimiento en el cuadro que se encuentra en el Museo del Prado.

Un cuadro semejante al de santo Domingo, representaba al rey santo llevando un haz de leña a la hoguera y de ahí nace esta costumbre que en definitiva señala la especial vinculación que une a la corona de España con la defensa de la fe.

El cuadro de Pedro Berruguete, es casi dos siglos anterior en el tiempo, y por lo tanto refleja una época diferente de la Historia de la Inquisición. Además, se centra menos en el ambiente y más en los personajes que intervienen en la escena. Al haber sido hecho por encargo, y para un determinado lugar muy relacionado con la Inquisición de los siglos XV y XVI, el Convento de Santo Tomás de Ávila, del que era prior el Inquisidor General Fray Tomás de Torquemada, le hace más representativo de lo que era aquella Institución.

Una reflexión sobre este cuadro, lleva necesariamente a plantearse de lleno la cuestión de la Inquisición.

Si he dicho desde el primer momento que no hay una respuesta fácil, es para que nadie se llame a engaño. Yo al menos no he podido encontrar esa solución tranquilizante que algunos tal vez añoran ante las grandes preguntas que nos podemos hacer.

He tratado de conocer la realidad de la Inquisición y saber lo mejor posible, lo que realmente pasó, lo que es historia y lo que es leyenda. La Inquisición fue una realidad compleja en la que religión y política se mezclaron más de lo necesario. Y si he tratado de conocer la verdad no ha sido para buscar una justificación.

Al final de la película «La lista de Schinler» se cita una frase del Talmud: «quien salva a un hombre, salva a la humanidad» y lo mismo se podría decir en sentido inverso: «quien maltrata a un hombre, maltrata a la humanidad».

Cuando se recorre el paseo de los justos, en la entrada del museo del holocausto de Jerusalén, en el monte del recuerdo, se siente un aire fresco, recordando, junto a cada árbol allí plantado, una persona que salvó a la humanidad. Me paré junto al recuerdo del español Ángel Sanz de Briz que arriesgó su propia vida a favor de los judíos perseguidos en Budapest durante la guerra mundial.

Ángel Sanz de Briz era un joven diplomático que asumió la tarea de su jefe en la embajada española de Budapest Miguel Ángel Mugiro, que tuvo que salir de Hungría por defender a los judíos de origen español. Sanz de Briz se hizo cargo de la legación española y de la tarea humanitaria. Arriesgó su vida y aunque solamente había en la ciudad 45 judíos sefarditas que de alguna forma podían justificar su remoto origen español, Sanz de Briz organizó una serie de casas de acogida en toda la ciudad y con el italiano Perlasca y el nuncio Rotta, lograron salvar de los campos de exterminio a más de cinco mil judíos. En 1991 el Parlamento de Israel le declaró «Justo de la humanidad», le concedió la medalla de honor Yad Vashe y plantó el árbol en su memoria. Angel Sanz de Briz, jamás alardeó de lo que había hecho. Lo consideraba normal. Era lo menos que podía hacer por sus semejantes. Y allí, di gracias al Señor por que estos justos, y otros muchos por supuesto, que son capaces de reconciliarnos un poco con la especie humana.

Años antes también de forma bellísima lo había dicho el poeta John Donne:

«Ningún hombre es una isla que se baste a sí mismo; cualquier hombre es un pedazo de continente, una parte del todo. Si el mar se lleva un trozo de tierra, eso pierde Europa, tanto si se trata de un promontorio, de la casa de un amigo o de la tuya propia. La muerte de cualquier hombre me disminuye, porque pertenezco a la humanidad y por eso no es preciso que preguntes por quien doblan las campanas: están doblando por ti».

(John Donne. Devotions)

John Donne nació en 1572 en el seno de una familia católica. Era descendiente de Tomas Moro, mártir por defender su fe y sus ideas. Estudió en Oxford y Cambridge pero no pudo obtener ningún título por ser católico. Pasó una gran crisis religiosa y se convirtió al anglicanismo aunque siempre quedó en sus poesías una cierta nostalgia de su fe traicionada. Su biógrafo John Carey dice: «Lo primero que se recuerda de Donne es que fue católico; lo segundo, que traicionó su fe»

Tal vez la belleza de sus reflexiones y de sus poemas, resida en parte en ese conflicto interior que vivió y que parece ser le acompañó toda su vida. Con el tiempo se fue haciendo más y más pesimista, depresivo y solitario. Poco antes de su muerte en 1631 predicó su propio funeral.

Leyendo la historia de la Inquisición, las campanas doblaban una y otra vez. Por mí.

Sinceramente, creo que no basta con un recorrido más o menos profundo por la historia de estos siglos (del XV al XIX) tiempo de duración de la Inquisición española. Conocer la verdad, distinguir la leyenda de la historia, es un ejercicio sano, no para justificar nada, sino porque la verdad siempre es más libre y liberadora.

Conocer la verdad, saber como ocurrió aquello, tratar de entrar en los miedos de aquellas gentes, en los odios de unos y la violencia de otros, es acercarse un poco a una realidad dolorosa pero necesaria si se quiere tener la certeza de nunca más repetir aquellos dramas.

Además acercarse a la verdad, es ocasión para poder pedir perdón siendo solidario con las víctimas y es aprender la dura lección que la historia nos deja.

Si hay una actitud coherente con la condición de cristiano, esta es la de mirar cara a cara sin bajar nunca los ojos ni esconderse ante ninguna realidad. En el Concilio de Nicea, año 325, los padres del Concilio, en el canon disciplinario nº 20, el último de los documentos conciliares, piden a los cristianos que recen de pie y no de rodillas. La postura genuflecta, de rodillas, se reserva para un tiempo del catecumenado que precisamente se llamaba «genuflectante». Una vez que el catecúmeno había terminado su preparación y había recibido el sacramento del bautismo, como hijo de Dios que ya era, debía rezar de pie, mirando a su Padre Dios cara a cara, como los hijos miran a sus padres. Buena prueba de lo que se consideraba la dignidad del cristiano, que hasta en su porte exterior debía notarse.

Esta relación del cristiano con el Dios de Jesús de Nazaret, tiene además un elemento esencial. La fe cristiana se vive en comunidad.

Desde el primer día de su predicación, Jesús formó una comunidad a la que fue poco a poco, anunciando su mensaje de salvación.

Esta comunidad tuvo un largo y difícil proceso de formación, y en realidad solamente después de la muerte y resurrección de Jesús, comprendió que aquel Jesús que había sido crucificado, era «el Señor». Y desde entonces lo anunciaron a los cuatro vientos.

Los cristianos, así les empezaron a llamar en Antioquia, se reunían en comunidad para rezar, para celebrar la cena del Señor, para perdonarse mutuamente, para ayudarse a vivir su fe.

No se entendía otra forma de ser cristiano sino en Iglesia, y no se comprende veinte siglos después, otra manera de vivir el cristianismo sino es junto con los hermanos.

Para los cristianos, la Iglesia forma parte de nuestra vida. A veces hay quien piensa que la Iglesia es solamente la jerarquía, es decir los obispos, los sacerdotes, los religiosos... Es un grave error, aunque esté más extendida esta forma de entender la Iglesia de lo que quisiéramos, no solo de puertas a fuera, sino también a veces dentro de la propia Iglesia. Iglesia somos todos, somos el Pueblo de Dios en marcha y juntos representamos el rostro de la Iglesia.

Cuando rezamos el credo decimos creer en la «Santa Madre Iglesia»

Cualquier persona bien nacida quiere a sus padres aunque no siempre esté de acuerdo con ellos en algún aspecto, en la forma de enfocar la vida, o en alguna postura sobre determinado problema.

Cuando la diferencia no es notable, se justifica con facilidad: «son cosas de mamá» y la discrepancia se archiva casi como una anécdota graciosa debida a la edad, la diferencia de formación o simplemente la diferencia de carácter.

Cuando los cambios históricos aceleran el paso del tiempo, las diferencias entre padres e hijos también se aceleran. Cuando una generación ha vivido una situación límite, es frecuente que la generación siguiente conviva con una más fuerte discrepancia.

En el ambiente familiar, dos o tres generaciones son una larga distancia en el tiempo, y difícilmente nos sentimos implicados con las actitudes y posturas que tuvieron nuestros bisabuelos.

En el caso de nuestra pertenencia a la Iglesia, la situación es bien diferente. Los cristianos nos sentimos solidarios de su larga historia.

La Iglesia no es un club al que pertenecemos con mayor o menor grado de adhesión. Es mucho más. Desde el bautismo llevamos el signo invisible, pero indeleble de los seguidores de Jesús. Como Pedro hemos respondido una y mil veces a la pregunta de Jesús:

«Jesús preguntó a los doce:
¿También vosotros queréis marcharos?
Simón Pedro le contestó:
Señor y ¿a quien vamos a acudir? En tus palabras hay vida eterna y nosotros ya creemos y sabemos que tú eres el Consagrado por Dios»
(Jn 6, 67-69)

Hace ya cierto tiempo, en un barrio de la periferia de una ciudad de Brasil, me reunía cada dos martes con una comunidad de base.

Era una verdadera comunidad de base, formada por gente mayor, jóvenes, niños, casados, solteros, viudos... unas quince personas en total.

Dª Cida (Aparecida) era la coordinadora de la comunidad. Todos los miembros de esta comunidad eran negros, y yo la llamaba cariñosamente «la cabaña del Tío Tom». Dª Cida era una mujer de unos 40 años que en el trópico parecen siempre más. Tenía un volumen importante y se movía con cierta lentitud. Era prácticamente analfabeta. Apenas sabía juntar las letras con dificultad.

Los días que teníamos reunión, mientras hacía las faenas de la casa, uno de sus hijos de 10 u 11 años, le leía repetidamente el pasaje del Evangelio que luego íbamos a comentar por la tarde. Así se aprendía el texto casi de memoria y cuando llegaba el momento de leerlo, parecía que lo leía con soltura cuando en realidad lo que hacía era repetirlo de carretilla. A veces se atascaba y había que ayudarla a salir del paso.

Aquel día, sentados como podíamos en el patio de Dª Cida, esta acababa de leer el pasaje del evangelio en el que Jesús les pregunta a sus discípulos: «¿Y vosotros quien decís que soy yo?»

«Al llegar a la región de Cesarea de Filipo, Jesús preguntó a sus discípulos: ¿Quién dice la gente que es este Hombre?
Contestaron ellos: Unos que Juan Bautista, otros que Elías, otros que Jeremías o uno de los profetas.
El les preguntó: Y vosotros ¿Quién decís que soy yo?
Simón Pedro tomó la palabra y dijo: Tú eres el Mesías el Hijo de Dios vivo.
Jesús le respondió: ¡Dichoso tú Simón, hijos de Jonás! Porque eso no te lo ha revelado nadie de carne y hueso sino mi Padre del cielo»
(Mt 16,13-16)

Tras la lectura del texto empezaron a hablar unos y otros expresando con mayor o menor acierto quien era Jesús para cada uno de ellos.

En la comunidad estaba João, un hombre mayor, casi ciego que vivía de recoger cartones por el barrio con un pequeño carrito de madera. Decían sus vecinos que había nacido cuando la esclavitud era todavía legal en Brasil y tendría entonces más de ochenta años.

Yo sabía poco de él. Era callado, sencillo, como si quisiera pasar desapercibido allí donde estaba.

Dª Cida le preguntó. ¿Y para ti João, quien es Jesús?

João levantó levemente sus ojos casi apagados, hizo un gesto con sus manos encallecidas de los años de recogida de café «ordeñando» la rama del cafetal y con su voz casi susurrante dijo: «Jesús para mi es la escuela. Nunca he ido a la escuela. Nunca nadie se preocupó de que yo aprendiera algo, y todo lo que se lo aprendí en Jesús».

Era de noche y la luz del patio apenas servía para distinguirnos unos de otros. Pero estoy seguro de que más de una lágrima respondió a João. Se podría decir, como el evangelista relata, que a João no se lo había revelado nadie de carne y hueso, sino «mi Padre que está en los cielos». Yo pensé en la inutilidad de tantas cosas, de tanto estudio, si no estaba todo ello transido por la calidad cristiana de aquel hombre que acababa de darnos la mejor lección de teología a la que jamás haya asistido.

En definitiva, la gran pregunta debería ser: si realmente he aprendido en la escuela de Jesús, ¿que puedo decir al contemplar un cuadro, que representa la intransigencia, la condena, el dolor, la muerte?

Somos parte de la larga historia de salvación y cuando en los momentos solemnes de la liturgia cristiana rezamos las letanías, decimos ser parte de esa larga cadena de seguidores de Jesús.

Y cuando reconocemos nuestros fallos, sabemos que de alguna forma nuestra flaqueza ha debilitado a la Iglesia. Porque junto a una historia gloriosa que nos llena de admiración, discurre otra obscura, formada por los errores, los miedos, las mezquindades, las violencias... y tantas y tantas lacras humanas que tenemos los seguidores de Jesús. Y esa también es nuestra historia.

AUTO DE FE. CAPÍTULO I

EL MUNDO EN 1450

Año de 1450. En un pueblo de la Tierra de Campos llamado Paredes de Nava, nace Pedro Berruguete.

Son tiempos de cambios profundos. Una época se acaba y otra se inicia. Un nuevo arte, un nuevo mundo, una nueva ciencia... todo está naciendo o a punto de nacer.

Seguramente los hombres y mujeres que vivían en estos años no podían calibrar lo que estaba sucediendo. Bastante tenían aquellas gentes con sobrevivir a las calamidades, al hambre a las enfermedades, a la mortalidad de las epidemias, como para entretenerse en hacer filosofía de la historia.

Un siglo antes, en 1348, había llegado la peste a Europa, seguramente a través de mercantes genoveses, que extendieron en dos años la epidemia por todo el continente. Cada diez años la epidemia azotaba el continente y causaba una mortandad de tal calibre, que cambiaban los comportamientos sociales, desaparecían familias enteras, se creaba inseguridad jurídica por la desaparición de testigos, pruebas...

Tomaso Parentucelli era arzobispo de Bolonia cuando un cónclave formado por 18 cardenales, ante la sorpresa general, le elige para la silla de San Pedro con el nombre de Nicolás V.

Era el seis de marzo de 1447 y la elección sorprendió a todos, incluido el cardenal Capranica, presidente del Conclave, que dicen tuvo que contar varias veces los votos para cerciorarse de que era cierta la elección de Parentucelli. Habían pasado seis días de cónclave.

Los cardenales Próspero Colonna y Nicolás de Capua, miembros de familias romanas poderosas que se turnaban en el solio pontificio, eran los candidatos a este honor.

Tan era así, que parece que las residencias de estos príncipes de la Iglesia fueron saqueadas pensando que uno de ellos sería el elegido por el Cónclave. Era costumbre del pueblo romano practicar el saqueo en la casa del nuevo Papa. Pensaban los romanos, que una vez elegido el pontífice, tenía ocasiones suficientes para recuperar y aumentar su patrimonio.

Parentucelli no era un genio. Pero si era trabajador y hábil. Había sido preceptor de hijos de familias nobles en Bolonia. Además era elocuente, y poseía una memoria admirable.

Poco antes había logrado evitar la boda de Federico III con la hija del antipapa Félix y gracias a esta gestión de alta diplomacia había sido creado cardenal.

Es uno de los raros papas de esta época al que no se le pueden achacar vicios ni malos hábitos. Llevó una vida discreta, era piadoso y nunca cayó en el nepotismo.

Trabajó por la paz, logró que Alfonso de Aragón, rey de Nápoles, no invadiera los Estados Pontificios. Con el propio Federico III y los otros Príncipes alemanes también aseguró la paz firmando el tratado de Vienne que permaneció en vigor hasta comienzos del siglo XIX y es la base de los muchos concordatos que la Santa sede firma a lo largo de los últimos siglos, con las diferentes naciones de la cristiandad. Buscó una honrosa salida para el antipapa Félix, Amadeo VIII de Saboya, huyendo de todo deseo de venganza y buscando sinceramente la unidad de la Iglesia amenazada gravemente.

Con un Papa así, el jubileo de 1450 se presentaba lleno de esperanzas para la cristiandad. Sin embargo una epidemia de peste asoló Roma y obligó al Papa a salir de la ciudad para evitar el contagio.

A Nicolás de Cusa le encargó la reforma de la Iglesia alemana y coronó emperador a Federico III el 16 de marzo de 1452 celebrando en la misma ceremonia su boda con Eleonora de Portugal. Fue esta la última coronación de un emperador por parte de un papa.

Descubrió un complot contra su persona y capturó a los conjurados a los que condenó a muerte.

Se rodeó de humanistas y formó la mejor biblioteca de Italia. Emprendió la renovación del Vaticano con la ayuda del gran arquitecto León Battista Alberti.

Fue sin duda el Papa más noble de su siglo y también el que tuvo que vivir el drama de la caída de Constantinopla que significaba la definitiva desaparición del Imperio Romano de Oriente.

Todo estaba cambiando.

Un Papa coronaba por última vez a un Emperador en occidente y el otro Imperio, el de Oriente, desaparecía arrasado por una nueva fuerza que iba a jugar desde ahora un decisivo papel en la historia de Europa: los turcos.

En realidad la caída de Constantinopla el 29 de mayo de 1453 no era sino el epílogo de una larga agonía.

Ya a principios del siglo, el sultán Bayaceto había sitiado la ciudad que solo en el último instante se libró de la destrucción.

El tártaro Tamerlán empujó a los turcos hacia Europa y huyendo de la península de Anatolia se establecieron en territorios europeos.

Pero la derrota de Bayaceto fue sólo un respiro. La muerte de Tamerlán permitió al pueblo turco recuperarse y todos en Constantinopla estaban seguros de que volverían al ataque.

El Imperio vivía un proceso de descomposición largo y penoso desde hacía muchos años.

El Emperador de Oriente, Manuel II había acudido al Concilio de Constanza para pedir ayuda. De esto ya hacía tiempo y el Papa Martín V le había facilitado los fondos necesarios para construir una nueva muralla que protegiera la ciudad. Era ya casi el único territorio del Imperio rodeado de enemigos por todas partes. Pero era Constantinopla, el símbolo del antiguo poder de oriente.

Algunos creyeron, y el Emperador estaba entre ellos, que la única solución era la unión de Oriente y Occidente. Por eso Juan VIII trató de que un Concilio definiera la reunificación de los cristianos. Se hizo y por partida doble, en Ferrara y en Florencia. Pero la unificación resultó ser un mero artificio táctico para salvar los restos del Imperio, pues los corazones llevaban muchos siglos separados y las facturas que unos y otros se debían, nadie estaba dispuesto a olvidar.

En 1452 el nuevo Emperador, Constantino XI hizo un último intento. En Santa Sofía proclamó solemnemente la unión con Roma. Allí en el templo orgullo de Oriente ante el que Justiniano al verlo terminado exclamó: «Salomón te he vencido», en el símbolo del enfrentamiento con Roma, se anunciaba la unión de las dos Iglesias cristianas que seguramente nunca debieron separarse.

Pero todo era inútil.

Los turcos se habían recuperado. En Varna habían derrotado a una cruzada cristiana formada por Ladislao III de Polonia, Juan Corvino de Transilvania y el príncipe de Valaquia, conocido como Vlad el Dragón aunque pasará a la leyenda con otro nombre: el Conde Drácula.

Este fracaso era la clara señal de que Constantinopla tenía los días contados.

Y así fue. Mohamet II, sultán turco desde 1451 decidió dar el asalto final. El asedio comenzó el 7 de abril de 1453. Giustiniani, un mercenario de Venecia, fue el encargado de organizar la defensa de la ciudad, que ya no tenía defensa. El y el Emperador murieron heroicamente en el empeño inútil de salvar Constantinopla, la reina de las ciudades, confiada en su inespugnabilidad y su triple línea de murallas.

La noche del 28 al 29 de mayo, los mullahs estuvieron toda la noche recorriendo las diferentes secciones del campamento de los atacantes, arengando a los soldados y prometiendo paraísos deliciosos para aquellos que murieran en el combate.

El 29 de mayo de 1453 las tropas turcas entraron en la ciudad. Durante varios días se dedicaron al saqueo pues se les había prometido un espléndido botín. La matanza no fue mayor porque era más rentable hacer esclavos para vender en los mercados que asesinar a indefensos y asustados ciudadanos.

La ciudad cambió de nombre. Desde entonces será Estambul. Santa Sofía que se había convertido en refugio de una muchedumbre, se transformó en mezquita. Había acabado un capítulo más de la historia.

El humanista Eneas Silvio Picolomini, que cinco años después será papa con el nombre de Pío II al enterarse de la caída de Constantinopla, escribió:

«¿Qué decir de la noticia terrible que acaba de llegar sobre Constantinopla? Mi mano tiembla mientras escribo, tengo el ánimo horrorizado; la indignación no me permite callar, el dolor no me deja hablar. ¡Pobre cristiandad! Me avergüenzo de vivir: sería afortunado si hubiese muerto antes de que esto sucediese».

Mientras los turcos festejaban su victoria, en otro lugar no demasiado lejos, en la península italiana, se abría un nuevo capítulo.

El gran Bruneleschi, el arquitecto de Santa María dei Fiore de Florencia, había muerto en 1446, pero su discípulo Michelozzo terminaría su obra.

En el año de 1450 Donatello y Ghiberti trabajaban embelleciendo Roma. Poco después, en el 52 nacía el hijo ilegítimo de un notario florentino que se llamará Leonardo de Vinci, el hombre que mejor encarnará el espíritu de su tiempo; el renacimiento.

En la película «El tercer hombre», una de esas obras que resisten el paso del tiempo, hay una escena, en el Prater de Viena en la que Holly Martins (Jopseh Cotten) echa en cara a su amigo Harry Lime (Orson Welles) su falta de escrúpulos a la hora de traficar con penicilina adulterada. Harry demuestra un absoluto cinismo y trata de justificar su actuación:

«En el mundo ya no quedan héroes. Solo en las novelas.
¿Has visto alguna de tus víctimas?, insiste Holly
No me resulta agradable hablar de esto... nadie piensa en términos de seres humanos. Los gobiernos no lo hacen. ¿Por qué iba a hacerlo yo?.
Antes creías en Dios Harry
Y sigo creyendo en Dios amigo. Creo en Dios y en la misericordia. Pero pienso que los muertos están mejor que nosotros... recuerda lo que dijo no sé quién. En Italia, en treinta años de dominación de los Borgia, no hubo más que temor, guerra, matanzas. Pero surgieron Miguel Ángel, Leonardo y el renacimiento. En Suiza por el contrario tuvieron quinientos años de amor, democracia y paz. ¿Y cual fue el resultado?; el reloj de cuco».

Una interpretación cínica de la vida en la Viena de la posguerra, ocupada por los cuatro ejércitos vencedores y en la que la miseria lleva a hacer que los hombres pierdan su dignidad y los ambiciosos eliminen cualquier barrera moral para su ambición.

También ese año de 1450 nacía Savonarola, el fraile dominico que logró acabar con la dictadura de los Médici en Florencia estableciendo una nueva forma de gobierno después de quemar los símbolos de la corrupción que abominaba en su famosa «hoguera de las vanidades» sin imaginar entonces que él mismo acabaría ejecutado en una hoguera.

Y también en esos años, en torno al 1450, el mundo se estaba ensanchando.

Eran los portugueses los que buscaban nuevas rutas, descubrían nuevas tierras y se implantaban en lugares hasta entonces desconocidos.

En 1438 Alfonso V había sucedido a D. Durante en el trono portugués. Con razón al nuevo rey le llamarán «el Africano».

Sus barcos, tres años después llegaban a Cabo Blanco y en 1445 a Cabo Verde y Senegal.

En Maguncia, diez años antes de 1450, un aristócrata de 40 años llamado Juan Gensfeisch Gutemberg, que había tenido que huir de su ciudad natal por estar implicado en las revueltas civiles, inventó un artilugio que se llamará imprenta y que también va a revolucionar su época.

Gutemberg no era un humanista pero gracias a su invento fue uno de los grandes artífices del humanismo.

Durante su exilio en Estrasburgo se había afiliado al gremio de los orfebres siguiendo la tradición familiar. En realidad su gran aportación fue saber unir diferentes técnicas ya existentes para alumbrar la imprenta. Sí que inventó una aleación de plomo y antimonio muy resistente y útil para imprimir un libro.

El primer libro que salió de su imprenta fue un volumen de predicaciones sobre el juicio final y la suerte de justos e impíos tras su paso por el tribunal definitivo. Poco después y financiado por su amigo Juan Fust, se imprimió la Biblia en latín que solamente estuvo terminada en 1456. Hoy se conservan unos cuarenta ejemplares de esta primera edición repartidos por todo el mundo y es conocida como la Biblia de las 48 líneas.

La imprenta, en contra de lo que pueda parecer, no fue bien recibida por los intelectuales de la época.

En su obra «el Cortesano» Baltasar de Castiglione recordando la corte de Urbino escribe:

«El duque nunca hubiera consentido tener en su biblioteca libros que no fueran manuscritos y miniados y no esos libracos hechos con papel de trapo y ensuciados con una fea tinta grasa y untuosa»

Y es que efectivamente los primeros libros que salían de los talleres de los impresores, no tenían la belleza de los antiguos, primorosamente escritos y lujosamente ilustrados tras muchas horas de trabajo en lo escritorios de los monasterios.

Pero la técnica se fue perfeccionando y los libros impresos pudieron pronto competir con los viejos manuscritos.

Cuando Adolfo de Nassau conquistó Maguncia en 1462, la imprenta inició su diáspora que la llevaría a todos los rincones de Occidente en pocos años. El libro empezaba a ser un artículo asequible, y la cultura, y los pensamientos podían recorrer el mundo conocido. Esta circunstancia hizo posible la rápida difusión de las ideas protestantes que sin la imprenta habrían necesitado más tiempo y no se habrían extendido por Europa con tanta rapidez. La imprenta quedó así unida con preferencia a la nueva religión reformada, y aunque en el lado de los católicos hubo también buenos impresores desde el primer momento, nunca fueron tan numerosos ni tan eficaces como lo fueron los que servían a la causa de Lutero.

Pero todo esto no quiere decir que aquellos años en torno a la mitad del siglo XV fueran solo tiempos de luces y felicidad. Hubo también muchas sombras y sufrimiento.

Entre 1436 y 1450 diversas hambrunas y epidemias asolan Europa. La peste, que unos marineros venecianos habían traído al continente, es un casi permanente flagelo.

Y en una sociedad que no entiende las causas de los males que la afligen, es fácil crear culpables arbitrarios o de forma interesada culpar al contrario. Una de las últimas epidemias mundiales ha sido la llamada «gripe española» de 1918. En realidad se demostró que la gripe había iniciado su macabro caminar en Estados Unidos, en concreto en Kansas y teniendo como cepa original unas aves de corral. Al estar el mundo en plena guerra, los contendientes se acusaron mutuamente de ser los culpables de un flagelo que se calcula acabó con la vida de treinta millones de personas. Se piensa en esta época, en pleno siglo XVI, que el calor y la humedad corrompen el aire. Pero también se cree que los tártaros y los judíos, son los responsables de las epidemias periódicas de peste.

El universo mental de estas generaciones que están sin saberlo, viviendo el Renacimiento, y ensanchando el mundo, no es todavía muy diferente del de sus antepasados medievales.

Los reyes de Francia e Inglaterra están investidos de poderes casi mágicos y la imposición de sus manos, dicen sus leales, es capaz de curar varias enfermedades, en especial las escrófulas.

La lepra es responsabilidad de los sarracenos y al leproso se le margina obligándole a llevar un distintivo infamante que delate su enfermedad.

La viruela se ceba en las poblaciones y sus huellas, en aquellos que sobreviven, quedan como marca para toda la vida. La mayoría de las personas tienen algún resto de ella en el rostro.

La sífilis se achaca a uno o a otro. Por eso es el mal francés, mal español, o mal inglés, dependiendo del país en que se hable.

No hace mucho que ha terminado una larga guerra entre Francia e Inglaterra que se llamará la guerra de los cien años, solo superada su duración por la reconquista española de se alargó ocho siglos y que por estas fechas de mediado el siglo XV está cerca de su final.

Pero ahora el peligro es el turco. Ya ha conquistado Constantinopla y se ha asentado en Europa. Su avance sigue imparable. El sultán sabe que la cristiandad está dividida y que su unión, incluso contra un enemigo común, es poco probable. El Papa hace continuos llamamientos a nuevas cruzadas pero los príncipes cristianos están demasiado enfrentados. Por eso Mohamet II puede conquistar Rodas en 1455 y expulsa a los caballeros de San Juan que dominaban la isla. Luego se instalan en Serbia y llegan a las puertas de Belgrado. Solamente en 1456 son alejados de la Capital que han defendido Juan Hunyadi (Húngaro) y Juan de Capistrano.

Cuando el Papa sabe que los turcos han tenido que levantar el cerco de la ciudad de Belgrado, para dar gracias al Señor por esta victoria de la cruz sobre la media luna, manda que al mediodía repique todas las campanas de la cristiandad. La gente que desde sus labores en el campo oía tocar la campana de la iglesia del pueblo, respetuosamente hacía una breve oración que con el tiempo se plasma en el «Ángelus» que aún hoy se reza al mediodía entre los cristianos.

El sultán es la encarnación del anticristo a los ojos de sus enemigos.

Las diferentes repúblicas italianas se acusan entre sí de haber ayudado al turco, enemigo de la cristiandad. Y ciertamente así ha sido ya que aprovechando la rivalidad comercial de unos y otros, los turcos han firmado diferentes alianzas con los cristianos.

No es extraño que para muchos especialistas el gran protagonista de la pintura del siglo XV, sea la muerte.

Tampoco es de extrañar que en este confuso universo mental en el que es preciso encontrar culpables para poder tener una explicación que parezca razonable, los judíos lleven la peor parte.

En el Concilio Laterano IV de 1215 se les acusó de ser los culpables de los males que afligen a la cristiandad. Inglaterra los expulsó en 1290 y no volverán a la isla hasta la época de Cronwell. Francia, una vez más y es la quinta desde el siglo XII, los expulsa en 1322 y solo les permite volver en 1361 para que ayuden a pagar el rescate que los ingleses exigen por Juan II pero les vuelven a expulsar en 1394.

Entre 1420 y 1470 son expulsados de Maguncia en cuatro ocasiones y salvo algunas excepciones (Polonia, Imperio Turco, Alemania) a lo largo del siglo XV fueron expulsados del resto del continente.

Europa se está gestando con dificultad y necesita enemigos comunes. No hay sentimiento de pertenencia a una nación, entidades que están ahora naciendo, pero sí existe una cierta impresión de pertenecer a una entidad superior que se llamará cristiandad.

Las ciudades se van consolidando como las células sociales del mundo que emerge, pero también hay muchos desplazados que vagan por los caminos, peregrinos hacia algún santuario o simplemente gente sin hogar fijo que busca un sitio donde poder asentarse.

Peregrinos, bandidos, trashumantes, mendicantes... pueblan los caminos de Europa

También aparecen nuevos actores en la escena europea como los cíngaros, nómadas que vienen de la India y que se asientan en Grecia y los Balcanes que se llamará el pequeño Egipto de donde se originará el nombre de gitano. Ellos se llaman a sí mismos el pueblo Rom y de ahí la denominación de su lengua como Romaní.

Este es a grandes rasgos el mundo de mediados del siglo XV, mundo en el que en un lugar de la Tierra de Campos llamado Paredes de Nava, nace en 1450 Pedro Berruguete.

AUTO DE FE. CAPÍTULO II
ESPAÑA EN LA MITAD DEL SIGLO XV

Qué ocurría en la península Ibérica en aquellos años de mediados el siglo XV?

Portugal ya estaba constituido como reino y además afianzado en su independencia tras la victoria en Aljubarrota sobre las tropas castellanas. Una nueva dinastía con origen en el Maestre de Avis, se asentaba en el trono de Lisboa. Muchos nobles, que habían sido partidarios de la unión con Castilla, tuvieron que emigrar a ésta, buscando la seguridad personal, la de su familia, y también tratando de recibir las recompensas prometidas por su apoyo a la causa castellana. Se iba formando un incipiente partido portugués, que jugará un interesante papel en el futuro de la corte castellana. Uno de los principales de este partido será Ruy Gómez de Silva, que vino a España en el séquito de la Emperatriz Isabel (la esposa de Carlos V y madre de Felipe II). Se quedó aquí y trabajó en la secretaría real y de hecho él fue quien contrató los servicios de Antonio Pérez.

Pero la fama a Ruy Gómez no le viene por estas razones, sino por haber contraído matrimonio en 1522 con Doña Ana de Mendoza, más conocida como Princesa de Éboli, aunque sus enemigos la llamaron «la tuerta». Tanto Pérez como Ana de Mendoza tuvieron problemas con la Inquisición.

La princesa estuvo enredada en intrigas diferentes, y entre otras cosas se le acusó de mantener relaciones con Antonio Pérez. La historia de este resulta más complicada y su huída a Aragón y la condena de que fue objeto por parte de la Inquisición, está en la base de gran parte de la «Leyenda Negra» que tanto afectó a España, a sus gobernantes y a su Iglesia.

Ana de Mendoza era bisnieta del cardenal Mendoza, D. Pedro González de Mendoza, una de las personalidades más importantes, del tiempo de los Reyes Católicos. Fue un eclesiástico típico de su época. Noble, mecenas de las artes, guerrero, lascivo, ambicioso,... tuvo varios hijos naturales. Parece ser que sus hijas eran muy bellas, y cuando alguien las veía pasar comentaba. «Allí van los bellos pecados del Cardenal»

Fue partidario de Juana la llamada Beltraneja que pretendía el trono de Castilla en oposición a Isabel, la hermanastra de su padre, Enrique IV.

Pero cuando parecía segura la victoria de Isabel, el cardenal se pasó a su bando y permaneció ya siempre de parte de los Reyes. Él fue quien al entrar en Granada recién conquistada, enarboló el pendón real en lo alto de la torre granadina. Fue el introductor del estilo plateresco en España y fundador del Hospital de la Santa Cruz de Toledo y del Colegio de la Santa Cruz de Valladolid; precisamente en este Colegio ingresó Fray Tomás de Torquemada al entrar en religión en la orden de predicadores.

Los hijos del cardenal, fueron engendrados por Dª Mencía de Lemos y Dª Inés de Tovar.

El cardenal era el quinto hijo del Marqués de Santillana, Don Iñigo López de Mendoza uno de los iniciadores de la poderosa familia de los Mendoza. El Marqués incluyó en su escudo una franja con la leyenda «Ave María» y a sus sucesores les conocieron desde entonces como «los Mendoza del Ave María». Fueron los Mendoza una de las piezas claves de la política de finales del siglo XV.

A parte de Portugal el resto de la península se dividía en tres reinos; Navarra, Castilla y Aragón. En ninguno de los tres hubo tranquilidad en estos años de mediados de siglo y las relaciones de parentesco entre los monarcas de los diferentes reinos, no siempre era motivo para asentar la paz entre ellos, sino que en muchas ocasiones parecía azuzar las envidias y las disputas dinásticas.

Pero si queremos encontrar un elemento común que nos guíe por entre las enmarañadas relaciones de los tres reinos y nos pueda servir de hilo conductor para mejor entender las situaciones que se viven en estos tiempos, sin duda que ese elemento tiene que ser «los Infantes de Aragón» enemigos acérrimos del privado Don Álvaro de Luna que les expulsó de Castilla incautándose de sus posesiones, les volvió a llamar tiempo después en su ayuda devolviéndoles lo que les había quitado, y finalmente les derrotó en la batalla de Olmedo, aunque poco después el propio D. Álvaro pagará con su vida tanta agitación política, tantas intrigas y tantas traiciones.

Años después, en sus geniales coplas a la muerte de su padre, Jorge Manrique, ilustre hijo de Paredes de Nava se preguntará:

> «¿Qué se hizo el rey don Joan?
> Los Infantes d'Aragón,
> ¿qué se hizieron?»
> ¿Qué fue de tanto galán,
> qué de tanta invención
> como truxeron?
> ¿Fueron sino devaneos,
> qué fueron sino verduras
> de las eras
> las justas e los torneos,
> paramentos, bordaduras
> e cimeras?
> ¿Qué se hicieron las damas,
> sus tocados e vestidos,
> sus olores?
> ¿Qué se hicieron las llamas
> de los juegos encendidos
> d'amadores?
> ¿Qué se hizo aquel trovar,
> las músicas acordadas
> que tañían?
> ¿Qué se hizo aquel dancar
> aquellas ropas chapadas
> que traían?

¿Qué ha sido de tanto poder y tanta gloria como llegaron a tener? Se pregunta Jorge Manrique. Por qué efectivamente los Infantes de Aragón eran los más poderosos, los más temidos, los más ambiciosos.

Hay que remontarse algunos años antes para conocer la historia de estos Infantes, los hijos de Fernando de Antequera, que son otros protagonistas privilegiados de su tiempo.

En 1369 en los campos de Montiel moría asesinado por su hermanastro Enrique, el rey Pedro de Castilla al que la historia motejará como «el cruel». No parece que lo fuera más que sus contemporáneos, pero por ser el perdedor, el apelativo cayó sobre él.

Su hermanastro, que será su sucesor en el trono con el nombre de Enrique II de Trastamara, era hijo de Alfonso XI de Castilla y León y de su amante Leonor de Guzmán (hija a su vez de Pedro Núñez de Guzmán y Beatriz Ponce de León, por lo que unía en sus ascendientes a las familias más nobles de Castilla).

Al ser bastardo, fue educado por el conde de Trastamara D. Rodrigo Álvarez de Asturias, de quien hereda el título condal.

Casó Enrique con una hija del poeta D. Juan Manuel. Vivió exilado en Francia un tiempo y conspiró con el rey de Aragón Pedro V «el Ceremonioso» todo lo que pudo para conseguir el trono de Castilla. Su hermanastro Pedro le derrotó en la batalla de Nájera. Enrique no cejó en su empeño y por fin venció a Pedro I en Montiel.

Su madre Dª Leonor vivió en Sevilla gran parte de su vida y se las arregló para alejar de la corte a la legítima esposa de Alfonso, María de Portugal que nunca le perdonó la afrenta. Al morir el rey, Leonor fue encarcelada en Talavera y asesinada por un criado de María de Portugal.

Con el paso del tiempo Enrique se ganaría el sobrenombre de «el de las mercedes».

En Montiel, Enrique fue ayudado por el francés Du Gesclin. Beltrán de Du Gesclin, era el capitán de las Compañías Blancas, grupo mercenario francés ocioso en ese tiempo por haberse acabado la guerra de los cien años. Lo más probable es que jamás pronunciara la frase que todos recordamos de nuestros estudios infantiles: «Ni quito ni pongo rey pero ayudo a mi Señor». En realidad si quitó un rey y puso a otro y desde luego ayudó a quien le pagaba, pues recibió diversos honores como el señorío de Soria (será el primer duque de Soria), Molina y Almazán.

Por su parte el rival, Pedro I había prometido a sus aliados ingleses al mando del Príncipe Negro el señorío de Vizcaya, pero el inglés no debía estar especialmente interesado en quedarse en Castilla pues después de vencer en la batalla de Nájera abandonó la lucha y dejó solo a Pedro.

Enrique de Trastamara era consciente de que su forma de llegar al trono no había sido especialmente ortodoxa y por ello decidió crear una nueva clase dirigente que por deberle a él su ascenso social se pusiera decididamente de su parte. Nació así la nueva nobleza que encumbrará a familias castellanas y ganará para Enrique el sobrenombre de «el de las mercedes» por las muchas que prodigó.

Nueva nobleza y nueva dinastía, la de los Trastamara, línea bastarda de los antiguos monarcas castellanos.

Al comienzo de su reinado, no mantuvo una política especialmente antijudía, por necesitar el apoyo de la comunidad hebrea, pero poco a poco fue cambiando de táctica y terminó siendo un profundo antisemita, característica que heredará su hijo Juan.

Juan I, Enrique III al que llamarán «el doliente» por su mala salud que le hará morir joven, Juan II, Enrique IV(el impotente) e Isabel (la católica) completan la sucesión en Castilla de la dinastía de los Trastamara.

Es frecuente encontrar en los libros de historia la expresión «epígonos Trastamara». Se trata de los parientes directos o bastardos de Enrique a los que también colmó de mercedes. A su hijo bastardo Alfonso Enríquez le hizo conde de Noreña. Su hermano Tello era señor de Vizcaya y al morir este el señorío pasó a Juan el heredero con lo quedó definitivamente unida a Castilla.

Para rehabilitar a su propia familia y volver a entroncar con la línea legítima castellana, una nieta de Pedro I, Catalina de Lancaster hija de Juan de Gante, caso con el rey Enrique III de forma que la sangre bastarda de los Trastamara quedaba definitivamente rehabilitada.

En los comienzos del siglo XV Juan II sucede a su padre siendo un niño, por lo que se hace necesario un período de regencia que gobierne hasta la mayoría de edad del rey niño. Se encargan de la regencia su madre y su tío Fernando conocido como D. Fernando de Antequera. Este título le viene a D. Fernando por haber participado activamente en la conquista de la ciudad de Antequera en el 1410.

Hasta aquí todo parece normal y nada hace presumir que los reinos peninsulares están iniciando el proceso de lo que se llamará «la unión de Reinos». Bien es verdad que los diversos matrimonios de las familias reinantes forman una tupida red de alianzas y desencuentros de difícil seguimiento.

En Aragón Pedro el Ceremonioso y sus sucesores Juan I y Martín el Humano marcan el final de una época. Al quedar el trono vacante en 1412 se acuerda que en Caspe representantes de Aragón, Valencia y Cataluña decidan entre los pretendientes al trono quien será el sucesor. Es el célebre compromiso de Caspe que tan decisivo será para la historia posterior, y en el que el fraile dominico Vicente Ferrer tendrá un papel fundamental en la elección que allí se hace de D. Fernando de Antequera como rey de Aragón.

Fray Vicente Ferrer nació en 1350 y a los 21 años, ya era profesor de teología. Pertenecía a la orden de predicadores y estuvo ligado durante gran parte de su vida, al papa Luna, Benedicto XIII, que no cesó nunca en considerarse el verdadero pontífice por lo que el cisma de Avignon se prolongó hasta su muerte.

Tuvo fama de convertir a miles de judíos y musulmanes y sus sermones duraban varias horas. Entre las conversiones que sus sermones produjeron, una de las más sonadas fue la del rabino mayor de Valladolid que al bautizarse tomó el nombre de Pablo de Cartagena. Sus prédicas eran violentas, movían al miedo y al espanto y sus métodos para convencer, no siempre estuvieron exentos de una cierta violencia verbal. Estaba convencido de que solo los bautizados se salvaban, y no dudaba en tratar de salvar a todos.

Caspe fue un final, pero también un principio. Los catalanes no quedaron muy convencidos del resultado pues los derechos de Fernando venían por línea materna ya que era hijo de Leonor de Aragón hermana de Pedro el Ceremonioso y de Juan I de Castilla, mientras que la conexión de Jaime de Urgell, aunque más distante, provenía por línea masculina lo que en las costumbres de Aragón tenía mayor derecho. Pero el acuerdo de Caspe se mantuvo en todo caso y de esta forma los Trastamara castellanos entraron a tomar posesión del reino aragonés más complejo y variado que el castellano ya que en él cada parte (Aragón, Valencia, Cataluña) tenía fueros propios, cortes propias, acuñaba moneda, hablaba una lengua... Castilla era más uniforme y se podía gobernar sin necesidad de los equilibrios que exigía el mosaico aragonés.

Los hijos de Fernando de Antequera son los Infantes de Aragón que no estaban dispuestos a abandonar su influencia en Castilla ni a perder ninguna oportunidad para dejar sentir su peso en la tierra de sus antepasados.

¿Qué «fizieron» los Infantes de Aragón para que Jorge Manrique los utilice como modelo de la brevedad del poder en este mundo cuando llora la muerte de su padre?

Alfonso, el mayor, llamado el Magnánimo, heredero de Aragón, después de conquistar Nápoles pasó gran parte de su vida en Italia delegando los asuntos de Aragón en su mujer.

Juan era duque de Peñafiel y estaba decidido a disputar a su primo Juan II de Castilla el poder y la influencia. Casó con Blanca de Navarra hija de Carlos III el Noble. Estaba claro que según las leyes de Navarra Juan no tenía derecho al trono

Era simplemente rey consorte y el título real pasaría a través suyo a su sucesor.

En la llanada de Olmedo, cerca de Valladolid, D. Álvaro de Luna había parado definitivamente las ambiciones de los Infantes de Aragón sobre Castilla, siendo esta batalla incluso el lugar en que otro de los Infantes, Enrique, del que se decía que era el más osado y ambicioso, encontró la muerte.

D. Álvaro de Luna era hijo bastardo del copero mayor de Enrique III. Estuvo de niño al servicio de D. Pedro de Luna, pariente de su padre, el que será Benedicto XIII, cuando todavía era arzobispo de Toledo. Álvaro era un excelente paje, buen jinete, galante, inteligente y ambicioso. Entró al servicio del futuro rey Juan y se ganó su cariño y confianza hasta que cuando Juan es declarado mayor de edad y sube al trono, Álvaro de Luna logra ser su mano derecha y finalmente privado y verdadero gobernante de Castilla y León, logrando amasar una gran fortuna y numerosos enemigos.

Así quedaba cerrada la puerta de Castilla para Juan de Aragón y sin posibilidades, al menos hasta que desapareciera D. Álvaro de Luna, valido del rey castellano y vencedor en Olmedo. No cesaron las intrigas. Y D. Álvaro será juzgado y decapitado en el año 1452 en Valladolid.

Pero en cambio Navarra era campo abonado para los manejos de D. Juan por ser un reino geográficamente cercado por Castilla, Aragón y Francia por lo que era especialmente sensible a los movimientos que se produjeran en cualquiera de sus vecinos.

Y en efecto allí se iba producir la convulsión más fuerte.

Blanca, antes de morir, dejó escrito en su testamento que su marido Juan era su sucesor a título de rey. Ello suponía un cambio en las costumbres del reino pero era suficiente para que D. Juan se viese ya coronado rey de Navarra. Tampoco eran tiempos de calma, y dos bandos, dos maneras de vivir se enfrentaban en Navarra. Beamonteses y Agramonteses. En el fondo pastores del norte y agricultores del sur. Y como suele ocurrir en casos parecidos, unos se pusieron de parte de Carlos el hijo de Blanca y Juan y los otros de parte de Juan. Unos defendían la tradición del reino y otros el testamento de la reina.

Norte contra sur, pastores contra campesinos, padre contra hijo.

Todo se vino complicar con la muerte de Alfonso sin sucesión, con lo que Juan heredaba Aragón como Juan II. Y para que no faltase ningún ingrediente, Juan se casó con Juana Enríquez, rica aristócrata castellana, heredera de una de mayores fortunas de reino y de un solar de gran prestigio.

Cuando en 1452 nació Fernando hijo de Juan II y Juana, no es de extrañar que lo hiciera en Sos, lugar cercano a la frontera de Aragón con Navarra, donde se había retirado Juana para dar a luz sin alejarse demasiado de su marido enfrascado en las peleas navarras con su hijo el Príncipe de Viana. Ahora se llama Sos del Rey Católico. Y tampoco es de extrañar que el niño nacido en marzo no pudiera ser bautizado hasta los comienzos del año siguiente, pues por aquellas fechas la familia vivía momentos de desunión y franco enfrentamiento.

Once meses antes, en abril de 1451 en una pequeña villa castellana de realengo llamada Madrigal (aún no se le había añadido de las altas torres) nacía otra infanta que iba a llamarse Isabel. Era hija de Juan II de Castilla y de su segunda esposa la portuguesa Isabel de Aviz. Juan con su primera esposa y prima María de Aragón había tenido a Enrique, príncipe de Asturias desde 1444 y ya casado con Blanca de Navarra, de la que no tenía descendencia.

El puzzle estaba completo a mediados del siglo XV.

Isabel sí fue bautizada enseguida. Un año después nacerá su hermano Alfonso y en 1454 moría Juan II de Castilla sucediéndole Enrique IV al que se llamó entre otras cosas, el Impotente. Isabel de Castilla por lo tanto no había conocido a su padre y creció en medio de las intrigas de unos y otros apenas defendida por una madre portuguesa que daba signos cada vez más alarmantes de enajenación mental y a quien el rey regateaba todo lo que podía de las mandas testamentarias de su esposo.

En la villa de Arévalo pasó parte de su infancia Isabel acompañada entre otras damas, de una portuguesa que se llamaba Beatriz de Silva y que luego será fundadora de la Orden de las Concepcionistas y Santa.

Por tanto estos años de mediado del siglo XV fueron bien movidos en todos los reinos de la península. A pesar de todo son también los años en que se pasa de la sociedad medieval a la sociedad moderna que se caracteriza principalmente porque se organiza un aparato moderno de Estado con tres notas que le caracterizan; una monarquía fuerte, unas instituciones centrales fuertes y la aparición de una nueva clase de funcionarios, los letrados, que van a ir ocupando los puestos de poder desplazando de ellos a los nobles.

En el año 1459 el Consejo Real de Castilla lo integraban ocho letrados, dos prelados y dos caballeros.

Pedro I fue el que comenzó la costumbre de rodearse de legistas aunque para compensar este aspecto de modernidad, fue siempre reacio a la convocatoria de Cortes. Su enfrentamiento con Francia tuvo como origen el haber repudiado a su mujer Blanca de Borbón.

Sin embargo a pesar de que la sociedad se va haciendo más estructurada, más moderna y mejor dotada para alcanzar sus fines, la vieja convivencia entre religiones se va a ir perdiendo.

Han pasado también los años de la peste negra que asoló Europa y que había diezmado la población en el siglo anterior. Aunque este jinete del Apocalipsis vuelve de forma esporádica en varias ocasiones y en diferentes lugares, ya no lo hará con la fuerza de épocas anteriores.

Sí que hay «malos años», cosechas perdidas, que siembran el hambre y desestabilizan poblaciones enteras.

A pesar de todo esto, en Castilla, se mira al futuro desde esta mitad del siglo, con optimismo.

AUTO DE FE. CAPÍTULO III

LOS JUDÍOS EN ESPAÑA

Es imposible saber con exactitud cuando llegan a Hispania los judíos. Sabemos que antes de la destrucción de Jerusalén a fines del siglo I, ya había colonias judías en diferentes ciudades del mundo conocido. En especial era famosa la de Alejandría donde ocupaban un barrio entero que gozaba de autonomía. En Alejandría se hizo la primera traducción de la Biblia a otra lengua diferente del hebreo. Cuenta la tradición que setenta sabios durante setenta días, realizaron esta obra de pasar el Libro Sagrado del hebreo al griego. Por eso se llamará la Biblia de los LXX y es la que adoptan los primeros cristianos.

Traducir la Biblia planteaba serios problemas teológicos, ya que para muchos suponía cambiar las palabras que Dios había revelado a Moisés y a los Padres. Pero por otro lado lo judíos que vivían fuera del territorio de Israel, desconocían el hebreo y no podían acceder a la Sagrada Escritura si no contaban con una versión griega de la misma. En las sinagogas sin embargo, se seguía usando el hebreo como lengua de culto y muchos pasajes de la Escritura eran conocidos de memoria en esa lengua, aunque con frecuencia recitados sin comprender lo que se decía. Esta traducción de los LXX es el primer paso de apertura del mundo judío a una cultura diferente que piensa y se expresa en griego.

El emperador Juliano «el apóstata» era sobrino de Constantino el Grande, emperador que inicia la nueva era para la Iglesia, pero tras una matanza de sus familiares vivió alejado de la corte. Cuando llega al trono, casi por casualidad, odia a quien es responsable de la muerte de su familia y a todos los que están cerca de él, como lo estaba la Iglesia de la que él mismo se llamaba Pontífice. Abjura de su fe cristiana ya que estaba bautizado y por eso se le conoce como el «Apóstata». Enemigo declarado del cristianismo, favoreció en su imperio toda religión que no fuera la cristiana y quiso recuperar los cultos paganos. Protegió a los judíos y trató incluso de reconstruir el Templo de Jerusalén para así anular el valor que daban los cristianos a la profecía de Jesús sobre la destrucción de la ciudad.

Una vieja tradición basada en dudosos datos históricos, afirmaba que en tiempos del rey Nabuconodosor, el rey Pirro trajo a España a los primeros discípulos de Moisés. Incluso afirmaba Salomón Ben Verga que los que aquí habían llegado, eran pertenecientes a las tribus de Judá y Benjamín. Estas tribus eran las que después de la división de Israel a la muerte de Salomón ocuparon el territorio que se llamó reino de Judá o del Sur.

El otro, Israel o del norte, fue destruido en el siglo VII antes de Cristo y su población desaparece y en su lugar se establece una mezcla de pueblos que hacen que las diez tribus que inicialmente ocupaban este reino de Israel, sean conocidas por las «tribus perdidas de Israel».

Desde entonces, el carácter de auténticamente Israelita lo tendrán las tribus del sur, Judá y Benjamín. Sobre las tribus perdidas, hay innumerables leyendas y tradiciones que las hace aparecer en diversos lugares y momentos a lo largo de los siglos.

En cualquier caso, durante el período visigodo hay comunidades judías en la península Ibérica.

El emperador bizantino Heraclio, dominaba el sureste de la península y odiaba a los judíos porque les consideraba un peligro para la cristiandad. Por eso antes de pactar con el rey visigodo Sisebuto le impone como condición previa que expulse de su reino a los judíos.

Con este motivo se produjeron bautizos en masa y expulsiones de los que se negaban a recibir este sacramento, aunque resulta imposible saber las cifras de unos y otros pues las que nos han llegado a través de diversos documentos, son sin duda exageradas.

De lo que no tenemos duda es que hubo presiones por parte de los cristianos pues en el IV Concilio de Toledo celebrado en 633 se aprobaron una serie de cánones y disposiciones para regular la convivencia entre los cristianos y los conversos.

Los Concilios de Toledo eran reuniones de los obispos hispanos, y en ellos se decretaban normas religiosas y también leyes civiles, de tal manera que se convirtieron en verdaderas Asambleas Nacionales. Son en gran medida la fuente de todo el derecho posterior.

No era el único lugar en el que sucedían estas cosas. Los francos y los bizantinos también habían forzado al bautismo, de diversas maneras, a los judíos que habitaban en sus reinos.

Cuando el Islam conquista la mayor parte del antiguo reino visigodo, muchos judíos vieron en los recién llegados a sus libertadores. Tanto, que fueron acusados de haber abierto las puertas a los invasores. Por lo general los musulmanes fueron al principio tolerantes con las demás religiones limitándose a cobrar impuestos para dejar en paz a los que no tenían su misma fe. Esta era un forma importante de recaudación, de tal modo que muchos preferían que hubiera cristianos y judíos pagando impuestos, antes que convertidos al Islam. La tolerancia de los musulmanes españoles, no era la tónica general de los seguidores de Mahoma. Por eso se separaron de Bagdad constituyendo el Califato independiente de Córdoba. Y por eso también, las diferentes oleadas de celosos cumplidores del Corán que llegaron a la península (almohades, almoravides...) persiguieron a cristianos y judíos e impusieron normas estrictas a los de su misma fe. Y también ellos forzaron a convertirse.

Cuando se habla de las buenas relaciones de vecindad que existían entre cristianos, judíos y musulmanes, se olvida que en realidad se trataba de tres sociedades cerradas cada una en sí misma y que lo que hoy llamaríamos convivencia, se daba en muy escasa medida. Unos y otros tenían sus propias leyes sus barrios separados y sus propias autoridades. Rara vez la mezcla era completa.

En el siglo XIV las cosas empiezan a complicarse aún más.

En el Concilio de Zamora de 1312 se pidió que la separación entre judíos y cristianos fuera completa y que los judíos llevaran una señal distintiva que le marcase exteriormente. En el «Rimado de Palacio» del canciller López de Ayala, se puede leer;

> *Allí vienen los judíos*
> *Que están aparejados*
> *Para beber la sangre*
> *De los pobres cuitados.*

Lo que no dice mucho de la supuesta buena convivencia de unos y otros.

La protección que Pedro I dispensó a los judíos (Samuel Leví era su tesorero) fomentó la envidia y el odio hacia ellos entre la población cristiana. Al ser Pedro el perdedor de la guerra, esta protección se volvió contra los protegidos.

Muchos tenían deudas y para no pagarlas acusaban al prestamista, casi siempre judío, de usurero. Y es que la Iglesia prohibía el interés en los préstamos por que el oficio de prestar se reservaba a los que no estaban dentro de la disciplina eclesial, ya que en la sociedad hacía falta alguien que prestara el dinero en casos de necesidad.

Los Trastamara al llegar al poder en Castilla utilizaron el antisemitismo como un arma para ganarse a la gente que les veía como usurpadores. Por eso consentían las algaradas contra las juderías como las que tuvieron lugar en este siglo XIV en Sevilla, Toledo, Nájera... Más adelante, ya en la década de los sesenta en Castilla y en León se repitieron los ataques a los barrios judíos hasta el punto que el Gran Rabino Samuel Ibn Zarza escribe en 1369 que su pueblo vive en esos momentos la «gran tribulación».

Las Cortes de Toro de 1371 dictaron medidas claramente antisemitas obligando a los judíos a vivir aislados y a no ocupar puestos públicos.

No es que hubiera una doctrina especialmente elaborada para alimentar el odio a los judíos. Además de considerarles el pueblo deicida, molestaba que fueran diferentes y que no quisieran integrarse en la vida social de los cristianos en muchos aspectos. Tampoco resultaba agradable el que estuvieran orgullosos de su religión.

Resultaba extraño, para aquellos que sin dejarse llevar por lo puramente externo reflexionaban sobre el hecho religioso, que procediendo de un tronco común, se hubiera llegado en muchos casos al odio entre judíos y cristianos.

Por eso se elaboró una teoría que culpaba al Talmud de la ceguera de los judíos. No era el Antiguo Testamento, sino el Talmud, el que impedía a los judíos ver a Jesús de Nazaret como el verdadero Mesías enviado por Dios y en quien se cumplían todas las profecías anteriores. El Talmud se convierte así en el centro del odio de los cristianos que impide a sus seguidores entender la verdad de las escrituras e interpretar correctamente las profecías.

El Talmud es la recopilación de los comentarios de las diferentes escuelas rabínicas a la Escritura así como de la llamada ley oral que completa la Tora. Hay principalmente dos fuentes: Jerusalén y Babilonia.

El Talmud de Jerusalén se construyó entre los siglos I y IV de nuestra era y el de Babilonia entre los siglos III y V también de la era cristiana. No es extraño que el Papa Luna en 1415 prohíba a los judíos la lectura del Talmud y el ejercicio de muchas profesiones consideradas de exclusividad para los cristianos.

Culpando al Talmud de todos los males, los cristianos salvaban la Escritura que ellos también consideraban Palabra de Dios.

A los judíos se les culpa de cualquier desgracia que suceda a los cristianos. Cuando son derrotados en Alarcos, la culpa es de los judíos.

Cuando hay epidemia, la culpa es de los judíos, y así va creciendo el odio y la incomprensión.

Durante la guerra civil de Castilla de los años 1369 a 1377 la hostilidad hacia ellos fue en aumento y en Valladolid arrasaron ocho sinagogas.

Cuando el siglo está ya cercano a su fin, en 1391 el arcediano de Écija, Ferrán Martínez, antisemita declarado, inicia una virulenta campaña contra los judíos. A pesar de que sus prédicas incendiarias le habían costado diversas reprimendas tanto de la autoridad civil como de la eclesiástica, sus ideas iban calando poco a poco en la población hasta que en junio de ese año estalló la violencia contra la judería de Sevilla que en pocos días se extendió a Córdoba, Andujar, Montoro, Úbeda... y es que en la mayoría de las ciudades de cierta importancia había un barrio ocupado por los judíos.

Poco antes de estos sucesos, el Rabino Mayor de Burgos, Salomón Ha Leví, se había convertido al cristianismo y en el bautismo había recibido el nombre de Pablo. Se le conocerá a partir de ese momento como Pablo de Burgos o Pablo de Santa María. Estudió teología en París y llegó a obispo primero de Cartagena y luego de Burgos, cargo que compatibilizó con el de Canciller Mayor de Castilla.

Lógicamente su conversión supuso un duro golpe para la comunidad judía y muchos siguieron su ejemplo. Tampoco nos podemos extrañar de que los cristianos consideraran esta conversión como un triunfo y que se estimulara en muchos el antisemitismo.

Pablo, que murió en 1435, a partir de su bautismo, fue muy duro con sus antiguos correligionarios y extremadamente severo con los que como él se convirtieron del judaísmo.

El odio se iba concentrando sobre todo en los conversos más que en los mismos judíos. Si estos eran fieles a su religión y a sus costumbres, parecían más de fiar que los que habían cambiado de fe. Por lo general las autoridades religiosas prohibían que se forzara al bautismo y más aún que se bautizara a nadie a la fuerza. Un bautismo en esas condiciones se consideraba inútil. Pero era difícil saber hasta que punto aquellos que solicitaban ser bautizados lo hacían con total libertad o era simplemente una mera fórmula para evitar la persecución. Además entre los cristianos se mantenía el recuerdo de lo difícil que había resultado esta cuestión en los siglos de persecución de la Iglesia que además de originar una enorme cosecha de mártires, había supuesto también un importante número de apóstatas de la propia fe muchos de los cuales pasado el peligro, habían querido volver al seno de la Iglesia. Esta tuvo que aprender a perdonar y entre las tendencias rigoristas y las más acogedoras, optó por estas últimas aunque no sin dificultades.

Entre los judíos bautizados, los conversos o «marranos», sin duda que los había de buena fe y de total sinceridad. Pero incluso estos era difícil que olvidaran todas sus costumbres, su forma de rezar, las fiestas que habían celebrado durante toda su vida y que sus familiares y amigos no convertidos seguían celebrando. Tampoco era fácil romper con todo lo anterior y no conservar algún que otro resabio de su anterior fe y estilo de vida.

Además circulaban permanentemente rumores sobre conversos que interiormente renegaban de su nueva fe, incluso de algunos sacerdotes que a la hora de consagrar la eucaristía blasfemaban por lo bajo. (Niño de la Guardia, entre otros muchos)

Así estaban las cosas en la mitad del siglo XV.

En 1449 Castilla está en guerra civil. D. Álvaro de Luna, el poderoso valido de rey y paladín de este en su lucha contra los nobles, pide a las ciudades de realengo una contribución extraordinaria para sufragar los gastos que ocasiona la guerra. El pueblo estaba ya cansado de tanta guerra y exhausto de los enormes impuestos que pesaban sobre las gentes y no sobre los nobles que estaban exentos, por lo que esta nueva imposición exasperó aún más los ánimos. Para colmo de males, en Toledo se encargó de la recaudación a dos conversos Alonso de Cota y Juan Cibdad, por lo que el odio se centró en ellos. Un grupo de exaltados asaltó la casa de Cota y el barrio de la Magdalena. El tumulto se fue extendiendo y Pedro Sarmiento, corregidor de la ciudad dictó un estatuto que condenaba a los conversos por no ser buenos cristianos. Con ello se ponía a la cabeza de la insurrección y justificaba la violencia de los más exaltados.

Este estatuto toledano va ser en el futuro el modelo de muchos otros estatutos de limpieza de sangre que se establecerán en otras ciudades.

El ambiente estaba cada vez más enrarecido. Los franciscanos pidieron a fray Alonso de Oropesa, superior general de los jerónimos, que se unieran a ellos para realizar una «inquisición» sobre los cristianos nuevos. Aunque no sin alguna reticencia, pues entre los jerónimos abundaban los conversos, accedieron a esta petición y representantes de ambas órdenes solicitaron a Enrique IV permiso para realizar esta «inquisitio»

Aparece la palabra inquisición en el sentido de pesquisa, búsqueda... que es el original. El obispo de Toledo, Alonso Carrillo autoriza que en su diócesis se proceda a la investigación solicitada.

Poco a poco se fue elaborando una doctrina que justificase la investigación sobre la fe de los conversos.

Algunos personajes importantes de la Iglesia de esta época como Alonso de Cartagena, López Barrientos, Juan de Torquemada (tío del que será Gran Inquisidor), Díaz de Toledo... escribieron y defendieron una línea más tolerante y abierta, partiendo de un principio teológico indiscutible; no puede haber cristianos de primera y segunda categoría pues a todos alcanza por igual la redención de Cristo.

A este argumento irrefutable contestaban sus detractores que era cierto, pero siempre que el cristiano lo fuera sinceramente y puesto que había motivos para dudar de la sinceridad de algunos conversos, era necesaria una investigación (inquisición) sobre la sinceridad o no de los cristianos nuevos.

AUTO DE FE. CAPÍTULO IV

PAREDES DE NAVA

Es la Tierra de Campos corazón de Castilla cargado de historia, que encierra mil secretos entre la austeridad de su paisaje.
    Cerca de Paredes pasa el camino de Santiago, pues no está lejos de Carrión de los Condes ni de Sahagún.

Pedro Berruguete nació en 1450 en la villa palentina de Paredes de Nava.

Los pobladores más antiguos, de los que tenemos noticia, fueron los vacceos que llamaron a lo que luego será Paredes de Nava, Intercatia.

Fue conquistada por Roma, que la llamó Eleussa (los adelantados), en el siglo primero antes de Cristo y luego destruida en el siglo IV tras la guerra que enfrentó a Constantino III y a Horacio. Las huestes del vencedor, Constantino III, saquearon la región en la que había numerosas mansiones, de las que aún se conservan restos.

Posiblemente quedó despoblada esta región durante tiempos, siendo teatro de correrías de los visigodos hasta el punto de que se llamó «Campos Góticos» a lo que hoy es la Tierra de Campos.

Nueva destrucción traen las huestes de Alfonso I cuando reconquistaron la villa. Fue en estos tiempos tierra de frontera y como tal sometida a constantes vaivenes producidos por los enfrentamientos entre unos y otros lo que provocó su lenta despoblación.

A finales del siglo IX el rey Alfonso III repobló la villa una vez que quedaba ya suficientemente alejada de la frontera, lo que permitía una cierta tranquilidad. Probablemente los repobladores de Paredes fueron gallegos, cántabros, francos y judíos ya que restos de estos orígenes han quedado en los nombres de sus barrios y de sus iglesias. En la Crónica General de Alfonso III se dice:

> *«Alfonso III repobló los campos de dicen de los godos y estos son Tierra de Campos e Toro e otros lugares que estaban yermos e despoblados por el destruimiento de los moros».*

El primer dato escrito que tenemos de Paredes data del siglo X. En un documento de 947 el conde de Monzón dona a la abadía de Santa María de Husillos, la villa de «Sancti Facundi circa Paredes de Nava»

Posiblemente en nombre de Paredes viene de los restos de construcciones que para defender la villa en plena llanura, tuvieron que hacer y mantener sus moradores desde los primeros asentamientos en el lugar.

Nava es palabra vascuence que significa llanura, por lo que Paredes de Nava podría llamarse también Ruinas del Llano o algo similar.

Tierra de cereales, sobre todo trigo, y siglos ha también de viñas, pues los habitantes de Paredes cortaban horquillas para sujetar sus viñas, en los bosques cercanos.

El rey Alfonso VII también llamado «el Emperador» que reina de 1126 a 1157 otorgó fueros a muchas ciudades y villas para fomentar su repoblación, y Paredes en los años 1128 y 1134 recibe las «Cartas Pueblas»

Pasa de mano en mano

Con el rey Sancho IV pasó a ser villa realenga y Alfonso XI en 1326 declara que esta villa «es para nos e para los reyes que vinieran después de nos».

Poco iba a durar esta promesa real. En 1333 pasa a ser posesión de D. Pedro, unos de los hijos de Leonor de Guzmán.

En 1371 los pecheros de Paredes, hartos de las rapiñas del señor de la villa, el noble D. Felipe de Castro ricohombre aragonés que estaba casado con una hermana de Enrique de Trastamara, le dan muerte culminando así la reacción popular contra los impuestos que empobrecían a la población desde años atrás.

Era una venganza demasiado peligrosa si se extendía la costumbre de matar al señor de la villa, por lo que la represión fue extremadamente dura y cruel y se impuso además una multa de cinco mil doblas de oro que tenía que pagar la villa de Paredes al tesoro real de Enrique II. Además para que no hubiera dudas, se autoriza al alcalde de Paredes a «prender a los vecinos, con mujeres e hijos,» si no se paga la multa impuesta.

Conocemos bastante como se estructuraba la villa de Paredes en el siglo XV. Tendría unos 3.500 habitantes cuatro parroquias una judería y ocho barrios. Para la defensa de ciudad están establecidas 55 cuadrillas de lanceros, 10 de ballesteros y 26 jinetes. Cada cuadrilla estaba compuesta por diez personas a las órdenes de un «decurio».

En el atrio de la Iglesia de Santa Olalla se reúne el concejo de la villa «a campana tañida». Son las otras iglesias las de San Martín, San Juan, Santa María y más adelante, cuando en los primeros años del siglo XV desaparece la comunidad judía, su antigua sinagoga se trasforma en la Iglesia del Corpus Christi.

La judería, que había sido importante en los siglos anteriores, fue asaltada varias veces en los disturbios de los años 1366-68 y en 1391 cuando siguiendo los malos ejemplos de Sevilla tras las prédicas del arcediano de Écija, Ferrán Martínez, se arrasaron las juderías andaluzas llegando el furor antijudío hasta el norte de Castilla. Las juderías fueron saqueadas y a sus habitantes se les sometió a fuertes impuestos que les empobreció de forma casi definitiva. El número de judíos disminuyó drásticamente bien porque huyeron en busca de lugares más seguros, bien porque pidieron el bautismo.

Mucho tuvo que ver con la forzada conversión de muchos judíos las prédicas de un cura de Toro llamado Simón Rodríguez. De hecho en el censo de 1412 ya no quedan judíos en Paredes.

También ha disminuido el número de clérigos y en los comienzos del siglo XV hay cuarenta en Paredes de Nava.

Más tarde, en 1430, el rey Juan II de Castilla concede la villa de Paredes de Nava a la familia de los Manrique.

Pertenecen estos a la antigua nobleza castellana y tienen su origen en célebre casa de Lara y más concretamente arranca del Conde Manrique de Lara uno de los más ilustres e influyentes personajes del siglo XII. De él viene el apellido Manrique ya que convirtieron sus descendientes el nombre de pila del conde en nombre de familia.

Uno de sus sucesores, D. Pedro Manrique que vive entre 1381 y 1440 fue quien recibió la villa de Paredes que unió a otras posesiones que ya le pertenecían. (Amusco, Villazopeque, Calabanzos...)Fue adelantado mayor de Castilla y León. Casó D. Pedro con Doña Leonor de Castilla nieta del rey Enrique II y tuvieron quince hijos. D. Pedro estuvo prisionero un tiempo y huyendo del castillo en el que había estado retenido, se unió al partido de los nobles que combatían contra D. Álvaro.

El segundo hijo de tan numerosa prole fue D. Rodrigo (1406-1476) que heredó el condado de Paredes y fue Maestre de la Orden de Santiago. Un hermano suyo fue el poeta Gómez Manrique.

Fue D. Rodrigo hombre de armas y entre sus hazañas militares destaca la toma de Huescar en el reino moro de Granada en 1434.

Los Manrique fueron enemigos de D. Álvaro de Luna y en sus coplas Jorge Manrique alude con ironía a la gran victoria que D. Álvaro logró en Olmedo.

«Pues aquel grand Condestable,
maestre que conoscimos
tan privado,
non cumple que dél se hable,
mas sólo como lo vimos
degollado. (XXI)

Tras esta batalla, la caballería real ocupó las villas de los que se habían enfrentado en Olmedo al rey.

El Maestrazgo de Santiago quedó libre al morir en Olmedo uno de los Infantes de Aragón, D. Enrique, y el rey intentó que ocupara este cargo D. Álvaro de Luna su valido. Se opuso D. Rodrigo Manrique que consideraba que tenía él más derecho al Maestrazgo y acusó de manipulador al valido. Sin esperar que su nombramiento fuera refrendado por el papa, como era preceptivo, D. Rodrigo tomó muchas villas que pertenecían a la Orden. Esta actitud da buena prueba de la decisión de este personaje.

A pesar de estas disputas D. Álvaro de Luna no quería indisponerse con D. Rodrigo Manrique y le devolvió la villa de Paredes y el título de conde. Juró entonces D. Rodrigo no volver a tomar las armas contra el condestable de Luna, pero cuando el hermano de D. Rodrigo, el conde de Treviño fue hecho prisionero, consideró que ya su juramento carecía de validez y volvió a enfrentarse con el de Luna. El final de este se produjo en Valladolid donde los nobles consiguieron que fuera condenado por el rey y decapitado el 5 de julio de 1453.

Durante el reinado de Enrique IV siguieron los Manrique enfrentados con el rey y D. Rodrigo fue uno de los participantes en la farsa de Ávila donde con escarnio fue destronada la efigie del rey Enrique y nombrado heredero su hermanastro Alfonso que le nombró a D. Rodrigo condestable de Castilla. Muerto D. Alfonso prematuramente los Manrique se pasaron al bando de Isabel y Fernando y D. Rodrigo y su hijo el poeta D. Jorge lucharon en diversas ocasiones en defensa de los futuros reyes católicos, contra el marqués de Villena y el arzobispo de Toledo, contra los portugueses y contra los moros de Granada siendo ilustres capitanes de las tropas reales. Murió D. Rodrigo en

Ocaña en octubre de 1476 y fue enterrado en Uclés, capital de su encomienda de Santiago.

> *Después de puesta la vida*
> *Tantas vezes por su ley*
> *Al tablero;*
> *Después de tan bien servida*
> *La corona de su rey*
> *Verdadero;*
> *Después de tanta hazaña*
> *A que non puede bastar*
> *Cuenta cierta,*
> *En la su villa d' Ocaña*
> *Vino la muerte a llamar*
> *A su puerta....*
>
> *Assí, con tal entender,*
> *Todos sentidos humanos*
> *Conservados,*
> *Cercado de su mujer*
> *Y de sus hijos e hermanos*
> *E criados,*
> *Dio el alma a quien gela dio*
> *(el cual la ponga en el cielo*
> *en su gloria)*
> *que aunque la vida perdió,*
> *dexönos harto consuelo*
> *su memoria. (XXXIII, XL)*

Dejó a Doña Elvira de Castañeda su tercera mujer, todos sus bienes, al mayor de sus hijos, D. Pedro, entre los que estaba la villa de Paredes.

Pero el más ilustre de la saga de los Manrique es el soldado y poeta D. Jorge que con motivo de la muerte de su padre escribió esas magníficas coplas en las que reflexiona sobre la vida y la muerte, sobre el éxito y el fracaso y en fin sobre la condición humana.

Nació Jorge en 1440 en la villa de Paredes. De niño había perdido a su madre Doña Mencía de Figueroa y fue Doña Beatriz de Guzmán su primera madrastra que morirá en 1453 siendo aún adolescente.

Debió pasar parte de su infancia en Segura de la Sierra, lugar perteneciente a la Orden de Santiago, y tierra de frontera sometida a los vaivenes de la guerra.

Recibió mayor influencia de la familia paterna que de la materna a pesar de ser su madre de la poderosa familia de los Mendoza, y como su padre perteneció al partido aragonés y por tanto derrotado en Olmedo.

Al no ser Jorge el primogénito, era el cuarto, tenía que hacerse su propio patrimonio. La base de este fue la encomienda de Montizón de la orden de Santiago que le fue entregada. Esta se componía de las plazas Torre de Juan Abad, Villamanrique y Chiclana de Segura.

La Torre de Juan Abad fue señorío de Quevedo en el siglo XVII y desde este lugar escribe D.Francisco esos versos llenos de nostalgia que dicen:

> *Retirado en la paz de estos desiertos,*
> *Con pocos, pero doctos libros juntos,*
> *Vivo en conversación con los difuntos,*
> *Y escucho con mis ojos a los muertos...*
> *(Desde la Torre)*

Jorge Manrique recibió también diversas mercedes por los hechos de armas en los que participó, pero sobre todo se incrementó su patrimonio con la dote de su esposa Guiomar de Meneses, hija del conde de Fuensalida.

En 1470 ayudó a su pariente Álvaro de Estuñiga que disputaba el priorato de San Juan, y venció en Ajofrín (Toledo). Luego en 1477 luchando en el bando del señor de Aguilar en una de las múltiples disputas entre nobles, fue hecho prisionero.

Encontró la muerte en Garcimuñoz defendiendo la causa de los Reyes Católicos contra el marqués de Villena.

Paredes de Nava, y los Manrique, están indisolublemente unidos a la historia de su tiempo, a las luchas y enfrentamiento entre las diferentes familias poderosas y de estas con los reyes.

AUTO DE FE. CAPÍTULO V

PEDRO BERRUGUETE Y LA ORDEN DE PREDICADORES

Fue el siglo XV pródigo en cambios en los espíritus. Por eso, para comprender este tiempo, hay que intentar tener una visión amplia que sea capaz de abarcar los diferentes aspectos de la vida y la cultura, para así acercarse al proceso que los hombres y mujeres de aquellos tiempos tuvieron que vivir.

Italia era el corazón de aquel bullir llamado renacimiento que recupera lo antiguo, mejora lo nuevo y alborea un tiempo diferente. De Italia se fue extendiendo al resto de Europa y llega a España, que vive también tiempos de cambio político con la unión de los reinos y la total recuperación del suelo peninsular.

Este «movimiento» implicó innovación de muchas cosas, pero también significó la recuperación del mundo y la cultura antigua. De ahí el nombre de renacimiento que se le dio tiempo después.

Meter Burke resume, de forma lúcida, en tres los elementos que formaban el mundo antiguo: La filosofía escolástica, el arte gótico y la caballería.

> «Lo que cambió en el curso del Renacimiento fue que el gótico, la caballería y la escolástica, ya no monopolizaron sus respectivos campos, sino que compitieron e interactuaron con estilos y valores alternativos derivados del mundo antiguo».

Y en este proceso, participó plenamente Pedro Berruguete al que se llegará a llamar «El primer pintor renacentista de la Corona de Castilla». (Exposición conmemorativa del V centenario de Pedro Berruguete, Abril de 2003.)

Aunque parezca mentira, tal vez eclipsado por el genio de su hijo Alonso, Pedro Berruguete ha sido un total desconocido hasta fines del XVIII llegándose a dudar incluso de su existencia. Su redescubrimiento tiene lugar a partir del estudio de las tablas de la catedral de Ávila, que se piensa fueron pintadas en el reinado de los Reyes Católicos. Se investiga su autor y empieza a sonar de nuevo el nombre de Pedro Berruguete. Se analiza su obra y se recupera su aportación al arte español. A partir de entonces, de él se han dicho cantidad de comentarios elogiosos. Gómez Moreno dijo que era «realista, poderoso, primera personificación cumplida de nuestro arte nacional, y verdadero precursor de los artistas del siglo de oro» y en otra ocasión dijo que era «un genio independiente, viril y concentrado»

Y como hemos apuntado antes para muchos especialistas se trata del primer pintor renacentista de Castilla.

En los siglos XV y XVI hay en Castilla una importante nómina de escultores y pintores afincados en Palencia pues es el momento en que se están acabando muchas iglesias palentinas y la catedral de la capital de la provincia.

Estos artistas, están sometidos a dos influencias principales; la del gótico flamenco y la del renacimiento de Italia. La primera está decayendo y la segunda va tomando fuerza. Nombres tal vez poco conocidos como Alejo de Bahía, Felipe Bigaray, Juan de Balmaceda, Francisco Giralte, Juan de Villoldo, Manuel Álvarez y los dos Berruguete, Pedro y Alonso, trabajan en Castilla en esta época de la segunda mitad del siglo XV.

Menos acuerdo entre los especialistas existe a la hora de marcar las diferentes épocas de nuestro pintor. Camón Aznar, divide en seis periodos la vida artística de Berruguete.

La primera se puede llamar flamenquizante y naturalista. A ella pertenecen sus obras de la catedral de Palencia y el díptico de su sacristía.

La segunda, es la época italiana y se desarrolla en Urbino. Pedro tenía un tío dominico que seguramente le ayudó a encontrar un lugar donde aprender y trabajar en Italia. En la biblioteca del Palacio Ducal de Urbino, dejó algunas obras. Justo de Gante, muere poco después de que llegara Berruguete, pero Melozzo da Forli, y Piero de la Francesca llamado «el maestro de la luz», dirigen la decoración de la biblioteca del duque, y sin duda enseñaron e influyeron en aquel «Pedro español» que trabajaba con ellos.

Cuando vuelve a España dice el profesor Camón, que es la época italianizante que dura aproximadamente entre 1478 y 1480. La «misa de San Gregorio» que está en Segovia, y las praderas de Santa María del Campo. «La degollación de san Juan bautista» y la «Anunciación» de Miraflores fueron pintados en estos años.

De 1480 a 1490 es la época palentina. Las pinturas de Santa Eulalia de Paredes de Nava, su pueblo natal, pertenecen a esta época. Los seis reyes de la casa de David, tienen fondos y ropajes góticos, pero la expresividad de los rostros, es renacentista.

Del 90 al 97 dura la llamada época dominicana, en la que realiza los encargos que le han hecho para Santo Tomás de Ávila, entre los que se encuentra «El auto de fe». Se acentúan los rasgos góticos y aumenta el sentido realista de sus personajes.

Por fin, los últimos años de su vida en los que trabaja en Toledo, pertenecen a la que llaman época plateresca ya claramente renacentista.

Murió en 1503.

Tal vez se trata de una clasificación excesivamente prolija. Lo que está fuera de dudas es que empezó pintando con fuerte influencia flamenca y tras su paso por Italia, el renacimiento le influye, para terminar teniendo su propia personalidad mezcla sin duda de ambas tendencias.

Parece ser que los Berruguete llegaron a Paredes hacia 1430 acompañando a los Manrique, señores de la villa. Venían procedentes de las Encartaciones de Vizcaya:

> «En Paredes nunca dexaron gozar a nadie de su hidalguía, por ser behetría, mas los Berruguetes todos tienen nombre y opinión de hidalgos y servían a los Reyes con armas y caballo y es sus casa los tenían y eran hombres principales y ricos y de muy buen tratamiento en su casa personas y familiares»

Quien quiera conocer el rostro de Pedro Berruguete, puede contemplarlo en un autorretrato suyo que se encuentra en el museo Lázaro Galdeano de Madrid. Se trata de uno de los primeros, sino el primero, retratos del arte español, ya que no era frecuente esta forma de representación, y menos tratándose de un artista, pues aún los reyes y grandes señores solían figurar en ocasiones dentro de los cuadros que encargaban, como figuras integradas dentro de la obra. Este cuadro forma parte de la colección Lázaro, desde 1901. Se conserva una nota de Carderera que dice:

«Este cuadro representa a Pedro Berruguete en la misma edad en que se pintó haciendo de San Lucas en el retablo de Avila». (Catálogo de la exposición de V centenario)

La realidad es que no se parece demasiado al San Lucas de la catedral avulense, y además, cuando Berruguete pintó este retablo, tenía bastantes más años de los que representa su supuesto autorretrato.

Por eso, aunque parece que efectivamente es nuestro pintor, quedan algunas dudas sobre ello, pues además resulta muy difícil la datación exacta de los cuadros del pintor de Paredes.

Un caso claro de cómo los grandes, aparecían en los cuadros que encargaban, se puede ver en la llamada «Virgen de los Reyes Católicos» y que como veremos está en el museo del Prado en la misma sala que el «Auto de fe» y otras obras de Berruguete.

Se trata de una obra maestra hispano-flamenca. Era en ese tiempo muy fuerte la influencia flamenca en Castilla, debida sin duda al importante comercio de lanas que existía entre Castilla y Flandes. Todavía la influencia italiana se circunscribe casi únicamente, a la región mediterránea, donde el contacto con Italia era más fuerte que en la meseta.

En el cuadro que comentamos es anterior a 1490. En él se representa a la Virgen acompañada por los monarcas Fernando e Isabel con Santo Domingo, Santo Tomás de Aquino, el Infante Don Juan y una de sus hermanas que bien podría ser Doña Juana o Doña Isabel y dos personajes sobre los que también se discute su identidad. Para algunos se trata del humanista Pedro Mártir de Anglería y Fray Tomás de Torquemada. Sin embargo parece extraña esta selección de acompañantes de los Reyes, y otros opinan que se trata de San Pedro Mártir (representado con la herida en la cabeza) y San Pedro de Arbués, inquisidor de Aragón asesinado en la catedral de la Seo el 15 de setiembre de 1485. Esta es la elección que figura en el museo junto al cuadro. Sin embargo, Pedro de Arbués era agustino, y el hábito de la persona que acompaña a los Reyes, es dominicano.

Por ello bien podía ser el propio fray Tomás de Torquemada, que había sido nombrado Inquisidor General por los Monarcas y en el que depositaban toda su confianza.

Toda la escena tiene ambientación gótica y se le considera como uno de los primeros exponentes del retrato cortesano. Tal vez el origen de esta composición se pueda encontrar en la queja que el rey Fernando había manifestado pocos años antes. Aunque no es segura la autoría se atribuye a Shitium o Sittow, pintor de origen báltico afincado en España.

Se lamentaba el rey de no tener un pintor de corte de calidad, que sirviera para realizar los retratos que se necesitaban cuando se establecían políticas matrimoniales entre las diversas cortes. Los infantes que tenían edad para ir pensando en próximos enlaces matrimoniales, alianzas entre naciones, y estrategias familiares solo a través de los retratos que llegaban, podían conocer al menos el rostro de la persona que se había decidido que fuera su esposa o su esposo.

Hay que decir que este procedimiento, el único posible en la época, se prestaba a múltiples manipulaciones, pues cuando el retratado no era demasiado agraciado, se solían mejorar sus rasgos para presentarle de forma más agradable, lo que ocasionaba grandes decepciones cuando se conocía a la persona real y no al retrato propagandístico que se había recibido. De hecho en el cuadro de la Virgen de los Reyes Católicos, tanto Isabel como Fernando, parecen ser más jóvenes que lo que debían ser en el momento de pintar el cuadro.

De Pedro Berruguete sabemos que de joven fue a Italia y que durante un tiempo trabajó en la corte de Urbino.

Italia era un mosaico de difícil equilibrio en la época en que el pintor palentino fue a la península italiana para perfeccionar su oficio.

No era Urbino, en la región llamada las Marcas, uno de los principales protagonistas del equilibrio italiano, pero sin llegar al peso que tenían Venecia, Toscana, Milán o los Estados Pontificios, sí contaba y tenía una cierta influencia en el concierto general. Tres nombres destacan en la historia de Urbino: el duque Federico de Montefeltro, y los artistas Rafael y Bramante.

Urbino ejercía la influencia que podía en todos los temas de la política italiana. Una prueba de ello, descubierto recientemente, es la participación del duque de Urbino en el complot de los Pazzi.

El 26 de abril de 1478, día de sábado santo, se celebraban los oficios solemnes del día en la catedral de Santa María de las Flores de Florencia.

Lorenzo de Médicis, llamado el Magnífico, y su hermano Giuliano, asistían a la ceremonia religiosa. En el momento en que era alzado el cáliz, tras la consagración, varios hombres se abalanzaron sobre los hermanos y con sus puñales, les cosieron materialmente a puñaladas. Giuliano murió, y Lorenzo salió del trance con apenas unos rasguños. El golpe había fracasado. Los hermanos Pazzi, Francesco y Jacobo, así como el arzobispo Salviati, fueron detenidos, juzgados. Todo el mundo sospechaba que el papa Sixto IV estaba detrás de toda la trama, pues deseaba acabar con el poder de los Médicis, pero no se pudo probar. Los dos hermanos Pazzi y el arzobispo fueron ejecutados, y un joven pintor, llamado Leonardo de Vinci realizó unos espectaculares apuntes de unos de los ahorcados. Este episodio ha pasado a la historia como «la conjura de los Pazzi». Hasta aquí todo era conocido. Pero recientemente, un profesor de literatura medieval llamado Marcello Simonetta, dice haber descubierto que quien fue el cerebro de esta conjura fue Federico de Montefeltro, duque de Urbino.

El profesor Simonetta ha descubierto en el archivo Ubaldini de Urbino una carta que así lo prueba. La carta pudo descifrarla el investigador, gracias a un libro del siglo XV en el que se explican las claves cifradas utilizadas en la época y que parece que estaba escrito por un lejano antepasado del profesor.

Federico de Montrefletro fue pintado por Berruguete durante su estancia en Urbino.

Desde las guerras púnicas, Urbino en la provincia de Pesaro de Italia central, pertenece a Roma. Luego fue posesión de ostrogodos y de bizantinos hasta que en la edad media Federico de Suavia sobrino del emperador Barbarroja la entrega en feudo a los señores de Montefeltro.

Diversas luchas hacen que Urbino pase de unas manos a otras y en la época que nos interesa, mientras Pedro Berruguete reside allí, es Federico Montefletro quien domina la ciudad tras la muerte de su hermano asesinado por sus propios súbditos en 1444.

Federico fue un típico príncipe renacentista que decidió que su corte no desdijera del esplendor de otras cortes italianas, para lo que se rodeó de artistas que embellecieran la ciudad.

Y como en las grandes ciudades de aquel tiempo, en Urbino se construye un gran palacio en la segunda mitad del siglo XV obra de los arquitectos Luciano Laurana y Francesco de Giorgio.

Dentro de los muros del palacio trabajaron entre otros Piero de la Francesca, Justo de Gante, Maelozzo da Forli, Luciano Laurana, el joven Rafael... y el español Pedro Berruguete.

No se sabe con certeza cuando llegó Pedro a Italia pero si estamos seguros de que en 1480 había regresado a su patria.

En Urbino, el joven pintor de Paredes de Nava que había tenido una formación basada en el estilo flamenco como se refleja en sus primeros trabajos (díptico de la sacristía de la catedral de Palencia) asume las tendencias italianas del renacimiento que van a ir modelando su estilo de pintura.

Poco le pudo influir Justo de Gante que murió poco después de su llegada. Pedro trabajó y asimiló sobre todo las enseñanzas de Piero de la Francesca y Melozzo da Forli. De este tiempo pasado en Italia, quedan obras suyas en el Palacio de Urbino, y en el museo de las Marcas.

Hay un detalle curioso, que de alguna forma da a conocer el genio del pintor palentino. «Pedro Espagnolo», como se le conocía en la corte de Urbino, añoraba su patria, sus costumbres y sus formas de vida. Por ello se permitió alguna travesura, difícil de notar, pero que sin duda le servían para afirmar su personalidad y sobretodo su procedencia. En uno de los cuadros que pintó con Justo de Gante para la biblioteca del conde de Urbino, que representa a San Alberto Magno leyendo, en el libro se puede ver un texto que dice:

«¿Qué se fizo la moneda/ que guardé para mis daños/ tantos tiempos, tantos años,/ platas, joyas oro e seda?/ Ca de todo no me queda/ sinon este cadalso/ mundo malo mundo falso,/ non es quien contigo pueda».

Estos versos están tomados de «Doctrinal de privados fecho a la muerte del Maestre de Santiago, D. Álvaro de Luna» del que es autor el marqués de Santillana y que alude a la muerte del valido D Álvaro de Luna. Dice Sánchez Cantón que esto demuestra que era una coplilla popular que se cantaba en los pueblos y que Pedro recordaba desde Italia.

Sin duda Pedro Berruguete dejó amigos en Italia. Años después de haber estado él, envió a su hijo Alonso para aprender con los maestros italianos.

Vuelto a España, Berruguete empieza a recibir diversos encargos de trabajo.

Hacia 1480 pintó Pedro «La misa de San Gregorio» en Segovia, dos paneles para Santa María del Campo y las llamadas «pinturas de Santa Eulalia» en su pueblo natal.

Casado con Elvira González, mujer de familia adinerada, tuvo cinco hijos; dos varones, Alonso y Pedro y tres mujeres Cristina, Isabel, y Elena o Elvira.

En los siete años que van de 1490 al 97 recibe el encargo de una serie de tablas, con motivos relacionados con la Orden de Predicadores, para el claustro de la nueva fundación, el convento de Santo Tomás de Ávila, que se estaba construyendo bajo la dirección de fray Tomás de Torquemada, que en ese momento es aún prior del convento de Segovia, pero pronto será nombrado Inquisidor General por los Reyes.

El encargo que se hizo al pintor comprendía varios cuadros relacionados con momentos especiales de la vida del fundador de la Orden de Predicadores, o con otros grandes personajes de la misma.

Cuando el pintor recibe este encargo, no hace mucho tiempo, que la sociedad española ha quedado conmovida por un hecho ocurrido en el pueblo de La Guardia. Un sacristán vendió una hostia consagrada a un judaizante llamado Alonso Franco que con otros herejes, sacrificó a un niño creyendo que los conjuros pronunciados en este crimen ritual serían suficientes para lograr la muerte de los inquisidores.

Los hechos ocurrieron en 1489 y la ejecución de la sentencia de muerte que cayó sobre los condenados, cinco judíos y seis conversos, tuvo lugar en noviembre de 1491 delante de la Iglesia de San Pedro en Ávila. Tres de los judíos fueron quemados en efigie pues habían fallecido ya y los otros dos quemados vivos. Los conversos pidieron perdón y fueron ejecutados antes de ir a la hoguera. No parece muy difícil que Pedro Berruguete que se encontraba en esta ciudad por aquella época, fuera uno de los espectadores del auto de fe y que de él sacara conclusiones e ideas para su cuadro sobre el auto de fe que la orden dominicana le había encargado precisamente para su convento de Ávila.

Este proceso del Santo Niño de La Guardia, fue la primera actuación de la Inquisición que produjo una conmoción pública importante en España. No hay que desligar este hecho, que para muchos fue una patraña urdida para justificar la violencia contra los judíos, del asesinato del Inquisidor Pedro de Arbués ocurrido en La Seo de Zaragoza y el renovado fervor de cruzada producido por la inminencia de la conquista de Granada.

Dicen las crónicas de aquellos días, que este crimen del Niño de La Guardia, fue uno de los detonantes de la expulsión de los judíos, pocos meses después, en marzo de 1492.

Las últimas obras de Berruguete, ya al final de su vida, son de estilo renacentista y están realizadas en Toledo.

Murió en 1503 y su vida coincide casi exactamente con la de la Reina Isabel la Católica.

El llamado Auto de fe es una tabla de 1'54 x 0'92 metros. Representa una abigarrada escena en la que se pueden contar más de cuarenta personajes algunos de los cuales apenas asoman el rostro.

Bajo un baldaquín elevado, Santo Domingo preside la escena rodeado de diversas autoridades de la Inquisición situados en dos niveles. Junto al santo un oficial de la Inquisición, sostiene un estandarte, que no es el de la suprema, sino el de la orden de predicadores. Un fraile habla con el hereje Raimundo que será perdonado mientras que a la derecha del cuadro otros dos condenados desnudos se queman en el fuego mientras que los oficiales del Santo Oficio conducen a dos condenados más vestidos con el San Benito y la coroza de los reos mientras que otro fraile trata de reconciliarlos en última instancia. Dos personajes a caballo y otro sentado en el ángulo inferior derecho y que parece aburrirse completan la escena.

La tabla que le encargaron para el retablo de la nave lateral de Santo Tomás de Ávila, y que se conoce como «Auto de fe presidido por Santo Domingo» estuvo en el llamado claustro de los Reyes de ese mismo convento y pasó en el siglo XIX a la Comisión de Incautación de la Academia de San Fernando en 1836. Luego en 1867 fue adquirido por el Museo del Prado al precio de 3000 en escudos (R.O. de 10 de abril de 1867) y desde entonces se pueden contemplar en esta pinacoteca madrileña.

En el retablo de la otra nave iban las tablas que representan escenas de la vida de San Pedro Mártir, algunas de las cuales están ahora también en el museo del Prado.

Desde el punto de vista puramente histórico, el cuadro no refleja la realidad. Santo Domingo no presidió ningún auto de fe ni vivió en los tiempos de la Inquisición española establecida por bula del Papa Sixto IV en 1481 sino mucho antes.

Pero lo de menos es la fidelidad histórica de la tabla, pues lo que de verdad interesa de ella va mucho más allá de lo puramente histórico.

En la «Vida de Santo Domingo» se cuentan muchos milagros, alguno más también pintado por el propio Berruguete para el mismo convento y también se narran conversiones espectaculares como la de este hereje llamado Raimundo y que según esas crónicas fue perdonado, rehabilitado y finalmente ingresó en la orden de los predicadores.

Nació Domingo en Caleruega (Burgos) en 1170 y pertenecía a la ilustre familia castellana de los Guzmán.

Sus biógrafos de los primeros tiempos cuentan multitud de hechos milagrosos durante su infancia incluso antes de nacer, como aquel en que su madre Juana de Aza cuando estaba embarazada, soñó que en sus entrañas llevaba un cachorro que lanzaba llamas por la boca. De ahí viene la costumbre de representar a veces a Santo Domingo junto a un perro que lanza fuego por su boca.

Un tío suyo, arcipreste, se encargó de su formación y sabemos que Domingo cuando tenía catorce años fue a estudiar al Estudio General de Palencia. Seguramente aquí recibió las órdenes sagradas y tal vez pasó algún tiempo enseñando en la Universidad Palentina.

De allí fue a Osma, cabeza de la diócesis a la que pertenecía Domingo y fue elegido superior del cabildo catedralicio que se había acogido a la regla de San Agustín.

En 1204 el rey Alfonso VIII encargó al obispo de Osma una misión diplomática en Italia y Domingo formó parte de la embajada que presidía su obispo.

Al atravesar Francia comprobó Domingo que toda la región estaba agitada por la herejía.

En un segundo viaje en Montpellier encontró una misión de abates del Cister que se proponían erradicar la herejía del Languedoc y al comprobar los métodos que utilizaban, comprendió Domingo que era preciso cambiar completamente la táctica si se quería tener éxito en la misión.

La idea de Domingo era sencilla. Solo con una buena preparación teológica y una vida sencilla y austera, será posible convencer a los herejes que se escudan en el escándalo que les produce la vida fácil de la curia y sus legados.

En la ciudad de Tolosa en 1215 funda la Orden de Predicadores los Domini canes, los «perros del Señor», orden mendicante al estilo de la fundada por Francisco de Asís.

Domingo murió en Bolonia rodeado de la comunidad de frailes predicadores en 1221 y trece años después es canonizado por el Papa Gregorio IX.

La orden nació pues para combatir la herejía y de ahí su especial vinculación con la Inquisición tanto con la llamada Inquisición Medieval como con la moderna, y tanto dentro como fuera de España.

AUTO DE FE. CAPÍTULO VI

LA INQUISICIÓN MEDIEVAL. SUS ORÍGENES

La historia de la Iglesia, discurre indisolublemente unida a la historia de la herejía. El esfuerzo intelectual del teólogo por expresar en términos explícitos, las verdades que forman el «depósito de la fe» va necesariamente emparejado al riesgo de deformar este depósito y en definitiva de llegar a una fórmula que adultera la verdad. Muchos herejes, condenados repetidas veces, no fueron sino honestos cristianos que trataron de enfrentar su fe con las realidades o las formas de expresión de su época. Ni pretendieron dividir a la Iglesia, ni trataron de sacar de su doctrina un provecho personal. Si se enfrentaron con la ortodoxia no fue, en ocasiones, más que por motivos de coherencia personal. Para ellos esa era la verdad y lucharon por hacerla patente con su interpretación propia. Y si se negaron a renunciar a sus errores, fue sencillamente porque estaban convencidos de que el error estaba en el lado de los que les condenaban.

La misma palabra hereje, que es de origen griego, significa «el que se queda con una parte» es decir el que no acepta algo del conjunto que conforma la fe.

En el transcurso de los siglos, ha habido herejías que han sido la expresión de una época o la cristalización de unas ideas concretas de un momento histórico. Otras por el contrario, han aparecido en diversos momentos, con nombres y elaboraciones diferentes, pero siendo siempre la plasmación de una misma inquietud que aflora a la superficie una y otra vez. Es este el caso de la herejía conocida con el nombre de Maniqueísmo y que tiene su origen en Mani, un babilónico nacido en el siglo III que a los veinticuatro años se proclama apóstol de la luz y la salvación. Su doctrina, mezcla de elementos judeocristianos e indo-iraníes es esencialmente dualista. En el ser humano, en su vida y en su historia se da la continua lucha entre el bien y el mal. De aquí es fácil pasar a entender a la persona humana como dividida en esos mismos principios; un espíritu bueno y un cuerpo malo. Y el mundo repartido en dos mitades, la buena creada por un ser bondadoso, y la mala nacida de un ser malvado. Ese profundo misterio que tantas veces nos interroga y que no es sino la coexistencia entre el bien y el mal, queda así explicado por una simple fórmula dualista que precisamente por su extrema sencillez, aparece una y otra vez a lo largo del tiempo, en lugares diversos, y disfrazada bajo diferentes explicaciones. Hoy después de la Ilustración, la modernidad, el desarrollo técnico espectacular que vivimos, sigue apareciendo en ocasiones este dualismo escondido bajo teorías de todo tipo.

Uno de estos momentos en que vuelve a surgir el maniqueísmo, es el siglo XII. La Iglesia vive un momento difícil en el que la jerarquía y el pueblo se encuentran alejados uno de otro. Roma es la gran cabeza de la cristiandad, pero en Roma se ha instalado la riqueza y el poder. Los obispos son grandes señores feudales que rivalizan con los señores laicos en fuerza y lujo. El clero poco formado intelectual y moralmente, vive una situación lastimosa y muy generalizada. Las grandes abadías, refugios de espiritualidad, han caído también en las redes de estilos señoriales de vida que no mueven precisamente a la piedad.

Cómo no plantearse ante la situación reinante la necesidad de profundos cambios en la Iglesia.

Como no dudar del valor de unos sacramentos manipulados a veces, mal predicados y distribuidos por personas que viven en profunda contradicción con lo que proclaman.

Como no pensar que el mal está venciendo al bien y que es preciso volver a retomar las riendas del espíritu para que este no quede definitivamente ahogado por la materia.

A comienzos del siglo XII un tal Tanchelm (Tanquelin) en la región de Zelanda (Países Bajos) vuelve a predicar la doctrina maniquea. Llega hasta Roma y es detenido al regresar, en la ciudad de Colonia, y ejecutado. En Tolosa (Francia) un concilio renueva la vieja condena a los maniqueos, pero ello no impide que de una u otra forma y en uno u otro lugar, se produzcan brotes de la secta. Pedro de Bruys, Enrique de Lausana, Arnaldo de Brescia... son perseguidos y mueren en prisión o ejecutados.

El sur de Francia y la Lombardía, se convierten en hervideros de predicadores y doctrinas. Se mezclan los intereses feudales de unos, con los sinceros deseos de reforma de otros. Surgen aquí y allá grupos y sectas que a veces tienen poco en común, salvo el enfrentamiento con la Iglesia oficial.

Los Cátaros (puros) que han surgido en Bulgaria y los Balcanes, llegan a Francia en estos comienzos de siglo. En las tierras del condado de Tolosa, en la ciudad de Albi se celebra un concilio herético mediado el siglo XII y por estas mismas fechas un rico comerciante de Lyon, Pedro Valdo, entrega sus bienes a los pobres y con un pequeño grupo de seguidores se lanza a la predicación por los pueblos y aldeas de la región. Son los grupos más destacados de ese conjunto de tendencias a veces extravagantes, que están pululando por la región.

La represión también se ha puesto en marcha. Las hogueras han «purificado» a siete herejes en Vézelay en 1167. En Inglaterra se marcó en la frente a los herejes y se les dejó morir de frío. Ellos tampoco han renunciado siempre a la violencia. Se han quemado iglesias, se han saqueado monasterios y se ha creado un clima generalizado de violencia. Diversos concilios particulares y algunos generales (II y III de Letrán) han condenado estas herejías. El Papa Lucio III en Verona en 1184 emite un decreto que comienza con las palabras, «Ad abolendan», que para muchos es la primera tentativa de establecer la Inquisición.

Inquirir, que es la raíz de la palabra Inquisición, es un procedimiento jurídico que no figura en el derecho romano, y que consiste en una investigación que se realiza sin instancia de parte, es decir por oficio.

Expresado en términos menos técnicos; la Iglesia encarga a unos inquisidores que investiguen la vida y la conducta de aquellas personas que no han sido denunciadas aún y que simplemente pueden ser sospechosas de conductas desarregladas en materia de fe. Además invita a denunciar a todo aquel que pudiera resultar sospechoso, bajo pena de considerar cómplice a quien no delate estos supuestos hechos.

En el año 1140, el Papa Eugenio II había tratado de retomar el control en el Mediodía francés y había enviado al cardenal de Ostia, al obispo de Chartres y al propio Bernardo de Claraval (sin duda la personalidad de la Iglesia con más prestigio en ese momento) a predicar a la región. La embajada papal se saldó con un estrepitoso fracaso y tuvo en todo caso un efecto contrario al deseado.

También lo había intentado Alejandro III, que tuvo que enfrentarse nada menos que a cuatro antipapas, cuando en 1163 fue acogido por el rey de Francia y pudo establecerse después de un tiempo de andar de un lugar a otro con una exigua corte pontificia.

Alfonso II de Aragón es el autor de la primera legislación civil contra la herejía y su hijo Pedro II en un concilio en Gerona, ya a finales del siglo (1197) incluye la muerte en la hoguera como castigo para los herejes que no se retracten de sus errores.

Poco después de acceder a la silla de Pedro, el Papa Inocencio III (1-IV-1198), preocupado por el cariz de la situación, y viendo un claro peligro de división en la Iglesia, escribe al obispo de Auch, pidiéndole que emplee el máximo rigor en la represión, y que si es necesario acuda a los príncipes para restablecer por la fuerza el orden y la calma.

A fines del siglo XII se introducen en estos procesos la tortura, para lograr declaraciones de culpabilidad y la confiscación de bienes para castigar a los culpables.

Cuando Inocencio III envía al sur de Francia a sus legados Rainiero y Guido investidos de plenos poderes, los obispos de la región, aunque incapaces de controlar la situación, lo consideran como una inadmisible intromisión de Roma en sus dominios. No hay que olvidar que era frecuente la tensión entre los obispos y el papa por motivos de solapamiento de las diversas jurisdicciones eclesiásticas.

Ni los obispos se pusieron de parte de los legados pontificios, ni estos pudieron hacer otra cosa que excomulgar e imponer penitencias a los más destacados herejes.

Fue en estos años, cuando un concilio celebrado en Cambers (diócesis de Albi) condena a los herejes de esta región que, en adelante serán más conocidos con el nombre de Albigenses.

La iniciativa de Inocencio III al enviar legados, no es por tanto nueva, ni está avalada por el éxito de misiones similares anteriores. Además, uno de los legados Rainiero, cae enfermo. Para sustituirle son enviados dos monjes del Cister de la abadía de Font Froide; Raúl y Pedro de Castelnau.

Los métodos empleados para someter a los herejes, fueron brutales.

La inquisición de los legados, no pudo actuar en Beziers porque no quedó nadie con vida. Pero sí lo hizo en Carcasona. Allí se ahorcaron a 40 y se quemó a 400.

Arnaud de Citeaux, abad del cister, combatió junto a Pedro II en las Navas y luego contra él Muret.

Las tropas de Monfort en Muret eran inferiores pero más organizadas. Santo Domingo le acompañó. Es conocida la frase de Simón de Monfort cuando alguien le dijo que tal vez entre los muertos que causaba su método de exterminio, habría cristianos sinceros. Simón respondió, que él mataba a todos y dejaba a Dios el trabajo de elegir a los suyos.

Simón y Pedro eran católicos. Es la lucha del norte contra el sur, de la lengua de oil contra la de oc. En Laval van 400 a la hoguera. El príncipe Luis, San Luis, se incorpora en 1213. Dos años después en el IV de Letrán se extienden los límites de la autoridad inquisitorial. Monfort muere en 1218 en el sitio de Tolosa y le sucede su hijo Amaury.

En 1208 Arnaud, abad del cister, establece en Narbona un tribunal eclesiástico para «buscar y castigar a los enemigos de Roma» (Domingo y 12 dominicos)

Raimundo VII casa a su hija Blanca con Alfonso de Poitiers, hermano de san Luis en 1228. La paz de Meaux. El mediodía es dominio real. El legado papal, cardenal de St. Ange exige en el tratado de Meaux, que una inquisición permanente y general se mantenga en el mediodía francés.

Cada Papa dará a la Inquisición su propio estilo.

Gregorio IX Ugolino Conti, quiere organizarla y que sea permanente y universal. Para ello establece tribunales fijos y procedimientos estándar. El problema es tener la persona adecuada. Los obispos no bastan. Los cistercienses demasiado alejados. Quedan los dominicos y franciscanos.

En 1219 hay 5000 franciscanos.

Es en 1230 cuando lo que hasta ese momento era un procedimiento para extirpar la herejía del seno de la sociedad cristiana, se convierte en institución. Gregorio IX nombra a Roberto Brougue, dominico y antiguo cátaro convertido, como inquisidor. Fray Roberto desempeñó su trabajo con gran celo y rigor propio de un converso que quiere hacerse perdonar sus culpas pasadas. En carta de Gregorio IX el 11 de octubre de 1231 a Conrado de Marburgo se establece el procedimiento; convocar una predicación solemne, investigar sobre posibles herejías o se logra la obediencia o se abre el proceso.

Pronto se definen los territorios

El Papa nombra al inquisidor papal. El provincial de la orden hace el resto

Para Federico II la herejía es crimen de lesa majestad. En las disposiciones de Gregorio se establecen ya las primeras bases de la Inquisición

El 22 de abril de 1233 se encarga al provincial de los dominicos de Tolosa que envíe frailes para proceder contra los herejes de acuerdo con la constitución establecida. La jurisdicción episcopal no queda suprimida, pero si queda en un segundo plano.

Clemente IV. Para él, el inquisidor y el obispo son jueces en competencia contra la herejía. Muchos dejan las manos libres a la Inquisición. Otros piden un nombramiento especial.

Norte de Francia, Flandes, Países Bajos, Aragón, Lombardía, Navarra, Florencia; Sicilia y hasta Jerusalén.

En 1242 es asesinado el Inquisidor de Tolosa Guillermo de Arnaud.

La herejía a pesar de represión se extiende más y más y pasa de Francia a Lombardía. La Inquisición también se extiende y los odios, rencores, miedos venganzas y tantas cosas como van emparejadas a esta actividad represora, cruzan también las fronteras. En 1245 es asesinado en Verona Pedro de Verona, inquisidor de esta región y que pronto será canonizado con el nombre de Pedro Mártir. Su muerte y algunos hechos de su vida, fueron pintados por Pedro Berruguete para el convento de Santo Tomás de Avila y con el Auto de fe y otros relativos a la vida de Santo Domingo, formaban parte de la decoración del convento.

A Pedro Mártir se le representa con un hacha clavada en la cabeza ya que esta fue la forma en que sus asesinos se deshicieron de él. Pedro pasó a ser el mártir de la Inquisición por excelencia y una especie de justificación de la actividad represora de los tribunales.

La Inquisición es fue burocratizando poco a poco y se establecieron reglas para su funcionamiento y procedimientos de actuación, que hicieron de ella una enorme máquina. Este deseo de tener una burocracia eficaz nos ha permitido conocer en muchos casos hasta los mínimos detalles de procesos que de otra forma se hubieran perdido irremisiblemente.

Raimundo de Peñafort, dominico catalán y excelente jurista del siglo XIII, Bernardo de Gui en el XIV y Nicolás Eymerich en el siglo siguiente, fueron los grandes codificadores que establecieron los procedimientos inquisitoriales.

No hay que olvidar a pesar de todo, que fueron frecuentes las tensiones entre el poder civil y la propia Inquisición pese a que en muchas ocasiones actuaron de acuerdo.

1252 en Romaña. En 58 en Toscana y en 1289 en Venecia.

Víctimas son cátaros, valdenses, sectas evangélicas, espirituales ofm, ofm vagabundos, excomulgados, contumaces, judíos convertidos o los que hagan proselitismo.

Hay que tener más de 40 años (Clemente IV concilio de Vienne)

El cargo se jura. Es juez de instrucción, procurador y juez territorial. Tiene ventajas de tipo espiritual además un socio, notario, sirvientes, familiares.

AUTO DE FE. CAPÍTULO VII

EL CONVENTO DE SANTO TOMÁS DE ÁVILA

El 26-X-1479 D. Hernán Núñez Arnalt (Fernando Núñez Arnalte) en la ciudad de Toledo, ante el notario Ruy López otorgó un poder a su mujer Doña. María Dávila y al dominico Fr. Tomás de Torquemada, para que dictasen testamento en su nombre, de acuerdo con los criterios y cláusulas que antes habían hablado en muchas ocasiones. Legó, para este fin, la cantidad de un millón y medio de maravedises.

D. Fernando era Tesorero y Secretario de los Reyes Católicos y en ese momento se encontraba muy enfermo e incapaz de dictar él mismo las cláusulas de sus últimas voluntades.

Poco después murió D. Fernando y su viuda y el dominico otorgaron testamento conforme a los poderes recibidos, el 17-IV de 1480 ante Diego de Vitoria, escribano. Es ese testamento se especifica que

> «ordenamos é mandamos que se faga é constituyan
> é hedifiquen en la dicha cibdad de Ávila un
> monasterio del Señor Santo Tomás de la orden
> de Santo Domingo de Observancia...
> otro si mandamos que para faser e constituir
> el dicho monasterio e capilla é yglesia se
> ayan de dar un ciento e quinientos mill maravedises...

En el documento se señala que Fr. Tomás de Torquemada que era confesor de los Reyes en ese momento y por ello tenía toda su confianza, será el encargado «de faser el dicho monasterio é capilla é yglesia...»

Fray Tomás de Torquemada pasará a la historia como el máximo representante de la Inquisición. Su sólo nombre evoca el miedo y la crueldad más exageradas y sobre su persona ha dejado la historia el amargo recuerdo de la represión sistemática e implacable. Era temido y se cuenta que le acompañaba siempre una escolta de más de cincuenta personas para evitar que fuera atacado o que cayera en alguna trampa. El Inquisidor de Aragón Pedro de Arbués, cuando fue cosido a puñaladas en la catedral de Zaragoza, llevaba cota de malla debajo de su hábito y casco de acero en la cabeza, por miedo a un posible atentado. Estas precauciones de poco le sirvieron, y los asesinos acabaron con su vida de todas formas.

No es tan fácil conocer la personalidad profunda de este austero fraile nacido en Valladolid en el año 1420 y sobrino de Juan de Torquemada que tuvo una actuación destacada en los Concilios de Constanza, Basilia y Ferrara. Tío y sobrino ingresaron en la orden de predicadores en el convento de Santa Cruz de Valladolid. Fray Tomás rechazó la dignidad episcopal y se había negado a favorecer con una dote, la entrada en el convento de una hermana suya. En el momento en que se inicia la construcción de Santo Tomás de Ávila, Torquemada era prior del convento de la Santa Cruz que su orden (la de predicadores) tenía en la ciudad de Segovia.

Sixto IV autorizó la construcción del convento en los arrabales de Ávila en terrenos comprados al canónigo Fernán González. Años después él y su padre serán condenados por la Inquisición acusados de judaizantes y quemados en la hoguera. Ironía amarga que demuestra hasta que punto el celo de la Inquisición no se detenía ante nadie.

Entre las condiciones exigidas para poder edificar el convento, se señalaba que no perjudicara o alterara el funcionamiento de ningún otro convento, y que la orden de predicadores no tuviera otra casa en la ciudad o sus arrabales. Así era, y por tanto no existían impedimentos para poner en práctica los deseos del testador.

La orden encargó a Torquemada que supervisase las obras directamente o por medio de quien él designase. En junio del 85, Doña. María, viuda de Don Fernando, entregó el dinero que el testamento estipulaba, así como otros donativos previamente establecidos y desde ese momento se desentendió de todo lo referente al convento.

Once años tardaron en la construcción desde abril del 82 a agosto del 93.

El arquitecto fue Martín de Solórzano.

La obra consta de la Iglesia y tres claustros llamados del noviciado, del silencio y de los Reyes.

Los Reyes quisieron que fuera residencia de verano y por ello participaron activamente en su construcción. Luego, cuando se produce el fallecimiento del único hijo varón de Isabel y Fernando, el infante D. Juan, quisieron que sus restos mortales descansaran en este convento. Casado con la infanta Margarita de Austria hermana de Felipe el Hermoso murió con apenas 19 años de edad muriendo con él muchos proyectos de sus padres y dando un importante giro a la historia de los reinos de España.

Su mausoleo es obra del artista de Florencia, Domenico Fancelli, que lo esculpe en los años 1511 y 1512 trayéndolo desde Génova para colocarlo en el centro mismo de la nave central de la Iglesia.

El estilo del sepulcro, recuerda al de los Reyes Católicos de la capilla real de Granada.

Otros dos sepulcros se encuentran en Santo Tomás de Avila. El de Núñez de Arnalte, fundador del convento y el de Juan Dávila y su esposa.

El mismo Torquemada, que falleció en 1498 fue enterrado en el cementerio del convento aunque a fines del siglo XVII un incendio destruyó el lugar del enterramiento y hoy se desconoce donde reposan sus restos.

La Iglesia fue maltratada durante la ocupación francesa de 1808 y entre otras cosa, la verja de plata que rodeaba el sepulcro del infante D. Juan fue robada y llevada a Francia.

Un año después de iniciar las obras, Torquemada fue nombrado Inquisidor de Castilla y Aragón. El nombramiento para la corona de Aragón fue contestado pues fray Tomás era considerado extranjero en ese reino y su nombramiento contravenía los fueros. Sin embargo el Rey católico, al año siguiente, extendió la jurisdicción de Torquemada a sus territorios aragoneses y desde entonces fue Inquisidor general hasta 1498 en que fue sustituido por el obispo de Palencia, Diego Deza.

El resultado fue mucho más grandioso de lo previsto inicialmente. El conjunto consta de tres partes; la occidental de estilo toscano que es la que se construyó con el legado del secretario real, la parte central, formada por la Iglesia y el convento que es de estilo gótico edificada por los Reyes, y el palacio Real, situado a oriente y que también fue construido por los monarcas pensando en una residencia de verano. En la Iglesia, Isabel y Fernando dispusieron que fuera enterrado el infante D. Juan fallecido tan prematuramente. Es un claro signo del cariño de los reyes por este convento. No es extraño, por tanto, que en muchos lugares figure como fundación real, sin aclarar el origen del convento, situado como hemos visto en el testamento del secretario real D. Fernando Núñez de Arnalte.

No parece que los reyes utilizaran demasiadas veces la residencia que se habían construido, pensando en pasar allí los veranos, y este cuerpo del edificio se integró en el convento y se dedicó a residencia y estancias al servicio de la comunidad.

En una de las salas capitulares, en la de la planta baja, residió durante cuatro años el Tribunal de la Inquisición y celebró sus sesiones.

AUTO DE FE. CAPÍTULO VIII

LA SUPREMA

Se conoce con el abreviado nombre de «La Suprema» a lo que en realidad es «El Consejo de la Suprema y General Inquisición». Se trata por lo tanto de un Consejo del Reino, el único que es común a Castilla y Aragón.

A partir de 1479 hay una unidad en los reyes: se ha terminado la guerra de sucesión, se ha firmado la paz con Portugal y Fernando ha heredado el reino de Aragón. Isabel es ya reina de Castilla.

Pero todo lo demás separa a Castilla y Aragón. No tienen una lengua común, ni el sistema de impuestos, ni la moneda, ni las pesas y medidas, ni las instituciones de ambos reinos son comunes. En castilla hay mayor uniformidad de la que existe en Aragón donde Cataluña, Valencia y Aragón tienen incluso Cortes diferentes que a veces se reúnen en Monzón por separado, y el rey tiene que asistir a las tres diferentes sesiones.

El Consejo de Aragón se crea, para tratar de lograr una cierta unidad de todo el territorio, en 1494.

La reconquista de Granada, la anexión de Navarra a los dominios de Fernando, el descubrimiento de las nuevas tierras más allá de los mares hacen que sea necesario organizar una burocracia eficiente para el gobierno del Estado.

Los Reyes Católicos trataron por todos los medios de limitar el poder de los diferentes grupos de poder: aristocracia, alto clero, los diputados de las ciudades... En realidad los reyes tienen que gobernar sobre un mosaico de encaje muy difícil. Solamente son tierras de realengo un tercio del territorio total del Estado.

La Iglesia tiene un enorme poder. A finales del siglo XV solamente en Castilla hay 15000 beneficios eclesiásticos. Además, hay 150 monasterios benedictinos, cincuenta cistercienses y treinta de jerónimos, además de otros de diferentes órdenes religiosas.

Algunas ciudades están absolutamente dominadas por su obispo. Los dineros le llegan a la Iglesia por diferentes conductos. En primer lugar los diezmos, a los que se restaban dos novenos, las llamadas tercias reales que iban a parar a la corona, venía a continuación las rentas que se obtenían de las propiedades de la misma Iglesia, los diferentes impuestos que percibían los obispos por ser señores de numerosas tierras. A esto habría que añadir lo obtenido por la celebración de los sacramentos y las limosnas de los fieles.

Los arzobispos de Toledo, Sevilla, Santiago... eran tan poderosos como el más poderoso de los nobles y contaban por miles sus vasallos. Además su tipo de vida en poco difería de la de los demás señores feudales.

En la sede de Santiago de Compostela se sucedieron tres Alonso de Fonseca, cada uno hijo del anterior. Dicen que Francisco de Cisneros, que era un fraile que luchaba por la reforma de la Iglesia y que a pesar de su poder siempre vivió con austeridad, le dijo en cierta ocasión al Arzobispo de Compostela:

> «Señor, según parece ha hecho vuestra alteza mayorazgo del arzobispado de Santiago y querría saber si ha excluido de él a las hembras»

El Consejo Real es el órgano supremo de gobierno y de administración. En él están representadas todas las fuerzas políticas, aunque tienen representación solamente consultiva ya que las decisiones las toman aquellos que han sido elegidos por los Reyes.

Entre los cambios que están empezando a suceder, hay que señalar el enfrentamiento entre «las armas y las letras». Es decir la pugna por el poder entre los juristas que vienen de las universidades, conocedores de las leyes y por lo general provenientes de las clases bajas de la sociedad, que han estudiado con dificultades, que para pagarse los estudios incluso han tenido que calentar el asiento de los ricos en las aulas de Salamanca o Valladolid. Los futuros burócratas del Estado moderno. Son los profesionales del derecho.

«Las armas», por el contrario son los aristócratas que no tienen el saber sino el poder. Han mandado siempre, han hecho la guerra con los reyes, y se sienten merecedores de compensaciones en los puestos de poder.

Otro contraste notable se da dentro del clero. El cardenal Mendoza, representa el viejo estilo, noble antes que religioso, acostumbrado a la caza y a la guerra. Padre de hijos naturales a los que procura colocar en buenos puestos. Fray Hernando de Talavera, monje jerónimo, representa al clero reformado, austero, que no pretende el poder. Sincero capaz de reprender incluso al rey Fernando a quien le advierte que de nada sirve reformar el reino sino reforma antes su propia vida. Es confesor de la reina y probó en Granada sus buenas disposiciones frente a los moriscos, a lo que siempre trato con respeto.

Son ellos también la cara y la cruz de una Iglesia en proceso de cambio.

A medida que se hace necesario, se crearán nuevos Consejos, como el de la Cruzada, el de Órdenes, el de las Indias...

En el protocolo de los diferentes organismos de la Administración del Estado, el Consejo de la Suprema y General Inquisición, ocupaba el tercer lugar, inmediatamente después de los de Castilla y Aragón.

Lo que en España se conoce como Inquisición, es en parte la herencia de la Inquisición episcopal, y de la Inquisición papal, pero con un fuerte componente político añadido.

La Inquisición Episcopal funcionaba durante la edad media en Aragón, en concreto desde 1238, pero en el siglo XV prácticamente había desaparecido. En Castilla no se había implantado.

Los Reyes Isabel y Fernando, pidieron a sus embajadores en Roma, el obispo de Osma y Diego de Santillán, que consiguieran del Papa Sixto IV la bula que creaba la Inquisición. El Papa no estaba especialmente decidido a dar su aprobación ya que el deseo de los Reyes era que la nueva Inquisición estuviera subordinada al poder político y con ello se mermaba el poder de los obispos, que encajarían mal la medida. El Papa no quería enfrentarse a los obispos españoles. (Había en estos momentos en España cuatro arzobispados en Castilla, con 22 obispos sufragáneos, y tres en Aragón con 15 obispados sufragáneos)

Este planteamiento de los Reyes, que aún no habían recibido del que luego será Papa con el nombre de Alejandro VI, el título de Católicos, creaba pues, dificultades al Pontífice. Los soberanos querían ser ellos mismos quienes nombraran y cesaran a los Inquisidores Generales. Así su poder sobre los casos a «inquirir» una supuesta herejía, quedaba por encima del de los obispos. Además había bastantes sacerdotes e incluso varios obispos, que pertenecían al grupo de los llamados conversos, hacia los que iba dirigida en especial la Inquisición que se proponía al Papa. Por todo esto se resistía a firmar la bula correspondiente mientras crecía el nerviosismo de los Reyes que veían en la futura Inquisición un elemento clave de su futura acción política ya que pensaban que el elemento religioso era el aglutinante principal de sus reinos.

Ocupaba la silla de San Pedro en estos momentos Francesco della Róvere que había sido elegido Papa en agosto de 1471, gracias a la ayuda de las poderosas familias Gonzaga, Orsini y Borgia. No dejó de agradecer esta ayuda y los miembros de estas familias pertenecientes a los altos estamentos eclesiásticos, fueron ampliamente recompensados con beneficios y sinecuras.

Della Róvere era natural de la región de Savona y había nacido en la más absoluta pobreza. Tanto que fue educado en un convento franciscano en el que más adelante profesó llegando a ser superior general de su orden.

Tal vez para resarcirse de sus orígenes menesterosos pronto hizo alarde de extraordinarias riquezas. Se decía que la tiara que utilizó el día de su coronación papal, estaba valorada en 100.000 ducados que suponía aproximadamente un tercio del total de las rentas que el papado recibía en un año.

Sixto IV fue uno de los Papas más nepotistas de la historia. Varios sobrinos, hasta seis, llegaron a ser cardenales. El más conocido de ellos es Giuliano della Róvere que será Papa con el nombre de Julio II años después. Ya con 28 años era cardenal.

Numerosos sobrinos, nepotes, entre los que probablemente había algún hijo natural del Papa, vivieron a expensas del Pontífice. Uno de sus sobrinos Girolamo, quería ser príncipe a toda costa y para complacerle, el Papa no dudó en mezclarse en la conjura de los Pazzi contra los Médicis en Florencia, lo que acarreó un enorme desprestigio del papado en toda la Toscana.

El año santo de 1475 no tuvo el éxito esperado y las arcas pontificias tuvieron que volverse a llenar a base de la venta de nuevas indulgencias. Corría por Roma un dicho suficientemente expresivo; «el Papa precisa una pluma y un poco de tinta para adquirir dinero».

De los escándalos provocados por los sobrinos del Papa, tal vez el más conocido y es el de Pietro Diario, que fue patriarca de Constantinopla y llevó una vida tan desordenada que murió a los 28 años victima de sus propios excesos.

Pero no todo es negativo en la vida de este pontífice. Consagró la capilla sixtina y creó la «capella papal» para dar mayor esplendor a las celebraciones litúrgicas. No hay que confundir, la creación de la capilla sixtina, pensada en especial para reunir los cónclaves, con su decoración posterior, que fue obra de Miguel Ángel por encargo del Papa Julio II, precisamente el sobrino de Sixto. (Por cierto, parece que Miguel Ángel no dejaba entrar a nadie mientras hacía su trabajo, pero Bramante tenía una llave de la capilla sixtina y en cierta ocasión entró con Rafael a ver como iban los frescos. Rafael copió uno de los filósofos que dibujaba Miguel Ángel y lo plasmó en su obra «La escuela de Atenas»).

Sixto también promovió diferentes obras en la ciudad de Roma entre las que se encuentra el puente Sixto, el primero que se construía sobre el Tíber desde la antigüedad. Instauró la fiesta de la Inmaculada que recordemos no era dogma de fe en esta época, por lo que había diferentes opiniones sobre el tema, y mandó construir el panteón familiar en las afueras de la ciudad. Fue mecenas de numerosos artistas entre los que destacan Boticelli, Perugino, Pinturrichio, Ghislandaio... e impulsó el desarrollo de la biblioteca Vaticana que ya estaba creada. En una pintura bien conocida de Melozo da Forli, que se encuentra en la Biblioteca Vaticana, se ve a Sixto IV nombrando prefecto de la biblioteca al humanista Platina en presencia del futuro Julio II aún cardenal.

Pero «no tuvo tiempo para convocar un Concilio» tal como había prometido al conclave que le había elegido. Al menos esa fue siempre su disculpa, cuando alguien le recordaba que al ser elegido había prometido convocarlo para tratar la reforma de la Iglesia.

No es extraño que Sixto IV cediera a las pretensiones de Fernando e Isabel a pesar de no estar muy de acuerdo con el planteamiento.

El primero de noviembre de 1478 el Papa firmó la bula «Exigit sincerae devotionis» en la que se establecía que los inquisidores deberían ser dos o tres, sacerdotes, de más de cuarenta años de edad teniendo la corona los poderes absolutos tanto para su nombramiento como para su remoción.

En septiembre de 1480 se nombra inquisidores a Juan de San Martín y Miguel de Morillo. No todo iba a ser fácil. El clero y los obispos pronto vieron como un tribunal civil, controlado por el poder civil (aunque compuesto por una mayoría de clérigos), tenía el poder sobre cuestiones de fe.

Los primeros pasos de la Inquisición tuvieron como escenarios las diócesis de Sevilla y Córdoba lugares en los que era más virulenta la agitación social debida a la cuestión de los conversos. Parece ser que se pretendía, ante todo, reforzar en estas tierras del sur de la península la ortodoxia religiosa.

En febrero de 1481 se celebró el primer auto de fe. En él predicó fray Alonso de Hojeda y fueron quemados seis herejes. Fray Alonso murió de peste pocos días después. Para muchos fue un castigo del cielo.

Pronto comenzó a desatarse la inquietud entre los conversos que se veían en el punto de mira del tribunal que acababa de iniciar su trabajo.

En 1482 un breve del Papa nombra siete inquisidores más todos pertenecientes a la orden de los predicadores. Uno de los recién nombrado es el fraile Tomás de Torquemada, que a la sazón era prior del convento de su orden en Segovia.

A partir de este momento se establecen tribunales en Córdoba, Jaén, Ciudad Real (que luego pasa a Toledo). En 1492 hay ocho tribunales en Castilla.

Desde ese momento empiezan los procesos, las delaciones, los autos de fe... que no acabarán hasta el siglo XIX, aunque hubo diferentes épocas y diferentes grados de persecución y represión.

El rey D. Fernando dejó en su testamento una nota en la que pide a sus sucesores que cuiden y mantengan la Inquisición.

Durante el breve reinado de Felipe el Hermoso y Juana, hay un breve lapso de tiempo en el que parece que no se van a cumplir los deseos de Fernando el Católico. Felipe no era tan «ferviente» como sus suegros, ni como lo serán sus sucesores.

La situación cambia al llegar al trono Carlos I, (1517-1556). Se persigue especialmente a los conversos pero ya en 1528 se incoa el primer proceso a un luterano, D. Diego de Uceda y el año siguiente tiene lugar el proceso de los «alumbrados» de Toledo.

En uno de los momentos más duros de la actuación inquisitorial, el humanista Luis Vives escribía a su amigo Erasmo de Rótterdam: era mayo de 1534.

> *«Estamos pasando por tiempos difíciles en que no se puede hablar ni callar sin peligro... Los asuntos de España son tristísimos... La fortuna continúa igual y fiel a sí misma, contra mi padre, contra todos los míos y aún contra mí mismo, pues lo que hace con ellos pienso que lo hace conmigo».*

Buenas razones tenía Luis Vives para pensar de esa forma y explayarse con Erasmo a través de estas palabras. Los padres del humanista eran Luis Vives y Blanquita March. Además de otros miembros de su familia en 1522 fue procesado su padre y condenado a muerte dos años después. Con él eran también condenados su abuelo, dos tías y un primo. Incluso su madre, que había muerto en 1508 durante una epidemia de peste, fue desenterrada y quemados sus restos.

Rodrigo Manrique, hijo del Inquisidor erasmista Alonso de Manrique, le escribía poco tiempo antes y le confirmaba:

«Dices muy bien; nuestro país es una tierra de envidia y soberbia; y puedes agregar; de barbarie. Pues de hoy en más, queda fuera de duda que nadie podrá poseer allá cierta cultura sin hallarse lleno de herejías, de errores, de taras judaicas. Así se ha impuesto silencio a los doctos; en cuanto a los que corrían al llamado de la ciencia, se les ha inspirado, como tu dices, un gran terror. En Alcalá se trata de extirpar completamente el estudio del griego»

Durante el reinado de Felipe II (1556-1598) se viven los años de mayor dureza de la Inquisición. Es en este tiempo cuando suceden los sonados procesos del Arzobispo de Toledo Bartolomé de Carranza (1559-1579) de Fray Luis de León (1572-1576) y de Antonio Pérez relajado en 1593 y quemado en efigie con otros 87 condenados por delitos diferentes como herejía, bigamia...

Los Inquisidores Fernando de Valdés y Diego Espinosa normalizan los procesos y establecen un procedimiento que ha de ser inventariado minuciosamente. También establecen el primer «Índice de libros prohibidos», imitando lo que tiempo atrás había hecho la Universidad de la Sorbona en París.

En 1568 tiene lugar la rebelión de los moriscos que serán expulsados en 1609 siendo rey Felipe III. En esta época los moriscos ocupan el interés primordial de la Inquisición.

Durante el siglo XVII será la aplicación de los decretos conciliares salidos de Trento lo que se persigue con mayor ahínco, castigando sus desviaciones y tratando de extirpar la nueva herejía luterana.

En 1610 tiene lugar un gran proceso contra la brujería en Logroño. No había sido esta la principal preocupación de los inquisidores, al contrario de lo que ocurría en Europa central donde los procesos a brujas desencadenaron unas terribles represiones y verdaderas matanzas. Pero a partir de este momento se instruyen en España bastantes causas para extirpar la brujería.

En tiempos de Felipe IV la Inquisición se convierte en un instrumento del valido Conde Duque de Olivares que la utiliza para sus propios fines. Hasta la monja María de Agreda, confidente del rey, es investigada por la Inquisición.

Con el último Austria, Carlos II, se realizan actos de brujería, hasta en la cámara real, por parte del capellán del rey Fray Froilán Díaz, convencido de que su Señor está hechizado.

La llegada de los Borbones al trono de España trae nuevos aires que sin duda influyen en las instituciones y formas de vivir de los españoles. Aún hubo bastantes procesos en el reinado de Felipe V, pero poco a poco la Inquisición pierde poder y se va diluyendo su fuerza. En sus últimos años se convierte en instrumento contra las tendencias liberales que en tiempos de Fernando VII se van imponiendo.

La Enciclopedia definía así a la Inquisición:

> *«Tribunal fanático, eterno obstáculo a los progresos del ingenio, cultura y las artes y a la introducción de la felicidad»*

En las proximidades de Madrid, en Chamartín, Napoleón firma el decreto de abolición de la Inquisición.

> *«En España como en Roma quedará abolida la Inquisición y no se volverá a repetir el horrendo espectáculo de los autos de fe».*

Dijo el emperador en una arenga a sus leales.

Luego afirmó en un discurso dirigido a los Gremios Mayores de Madrid:

> *«He abolido el tribunal contra el que estaban reclamando el siglo y la Europa. Los sacerdotes deben guiar las conciencias; pero no deben ejercer jurisdicción ninguna exterior y corporal sobre los ciudadanos»*

Pero como una especie de maldición, la Inquisición se resistía a desaparecer y a pesar de esta supresión de 1808, la guerra de la Independencia y sus coletazos antifranceses, la permitieron seguir actuando.

En las cortes de Cádiz se discutió la existencia de la Inquisición que para los liberales era incompatible con la libertad y la modernidad. Hubo sin embargo quienes la defendieron como salvaguarda de las más profundas esencias nacionales como decía el Inquisidor General, Mier y Campillo que la consideraba necesaria por la «espantosa corrupción de costumbres».

Volvió a ser suprimida durante los tres años de gobierno liberal pero al fin de este tiempo, en 1823, nuevamente restablecida.

Su definitivo certificado de defunción fue firmado por la regente María Cristina por un real decreto del 15 de julio de 1834.

El nacimiento de la Inquisición coincidió con una profunda reforma de la administración civil que los reyes estaban llevando a cabo. Fray Tomás de Torquemada fue el primer inquisidor genera que presidió el consejo de la suprema.

Su final 356 años después de su creación, coincide también con un momento de reformas y cambios profundos en España.

AUTO DE FE. CAPÍTULO IX

EL PROCESO

La inquisición llegó a ser un instrumento formidable dotado de unos mecanismos eficaces para la finalidad que perseguía. Además su aparato burocrático era de gran importancia, lo que generó enormes cantidades de documentos de los que muchos han llegado hasta nosotros, permitiéndonos conocer su historia hasta los menores detalles.

Pero no siempre fue igual.

Cuando hablamos de la Inquisición, institución que dura tres siglos y medio, hay que especificar el momento a que hacemos referencia ya que a lo largo del tiempo fue variando en sus objetivos principales, en sus métodos y la intensidad de sus actividades. En especial, el procedimiento se va estableciendo poco a poco hasta que llega a un procedimiento estándar.

No hay que olvidar que la Inquisición española nace con dificultades por parte del Pontífice que no ve claro que sean los reyes quienes tengan la última palabra sobre el proceso, pues en definitiva suponía abdicar de una potestad que había costado mucho tiempo arrancar al poder político.

Tan poco claros fueron los comienzos de la Inquisición, que los reyes tardaron dos años en hacer el nombramiento que les autorizaba la bula del 1º de noviembre de 1478, ya que no acaban de ver la mejor forma de aplicar esta autorización que les otorga Sixto IV. En vez de elegir dos o tres inquisidores, como decía el texto de la bula, los reyes optan por constituir una comisión investigadora formada por el cardenal Mendoza, Merlo y Ojeda, exaltado dominico que pedía insistentemente que se estableciera el tribunal de la Inquisición, y que era conocido como el segundo San Vicente Ferrer.

Los Reyes habían tenido ocasión de comprobar durante su larga estancia en Sevilla, que el problema converso en Andalucía era más preocupante que en el resto de los reinos. Además de ser numerosos, habían sido utilizados en las luchas entre los grandes señores que disputaban el poder de aquellas tierras a los mismísimos reyes Isabel y Fernando lo que había conseguido que estuvieran muy organizados y con lideres claros a los que seguían con fe ciega.

Una vez apaciguada esta cuestión, especialmente al volver a la obediencia real el duque de Medina-Sidonia Enrique de Guzmán y su enemigo declarado el Marqués de Cádiz, Rodrigo Ponce de León, los soberanos prestan especial atención a la cuestión de los conversos.

Por fin en 1480 se nombra a los primeros inquisidores que inmediatamente se pusieron manos a la obra.

El tribunal está formado por dos jueces letrados, un teólogo, un fiscal acusador, un fiscal de bienes confiscados, secretarios...

La mayoría de los inquisidores pertenecen a las órdenes dominica y franciscana, por estar sus miembros mejor preparados y no tener aspiraciones de poder. Deben además de tener la formación adecuada y pasar los cuarenta años de edad.

El primer auto de fe tiene lugar en Sevilla el seis de febrero de 1481 y se procedió a entregar al brazo secular para su ejecución en la hoguera a seis condenados entre los que se encuentra Diego Susan, cabecilla de las milicias conversas de la ciudad a quien la reina Isabel había concedido en 1478 un escaño en el municipio sevillano. Poco después, en el mes de marzo, hubo otro auto de fe con dieciséis ejecuciones que exaltó aún más los ánimos hasta tal punto, que algunos planean asesinar a los inquisidores y otros muchos se deciden a huir de Sevilla.

Para colmo de males por estas fechas se declara una epidemia de peste, que como no, se achaca a los conversos.

En estos autos de fe, el quemadero se establece en Tablada, a las afueras de la ciudad.

Poco después, ya en pleno funcionamiento de la Inquisición Torquemada que ha sido nombrado Inquisidor General, reúne en 1484 en Sevilla a los diferentes inquisidores para establecer un primer código de funcionamiento. Hasta este momento la Inquisición se ha servido de los manuales clásicos de siglos anteriores, en especial «Practica Inquisitionis» del que era autor Bernardo de Guy y es de 1313. En 1488 se crea el Consejo de la suprema formado por cinco miembros presididos por el Inquisidor General. Las relaciones entre el Inquisidor General y el Consejo, nunca estuvieron del todo claras y hubo ocasiones en que fueron francamente tensas como ocurrió en los momentos finales del reinado del último rey de la casa de Austria, Carlos II. Las tensiones en la corte entre el rey y la reina y sus correspondientes camarillas, llegaron al tribunal que estaba claramente enfrentado con el Inquisidor General que quería procesar al antiguo confesor del rey y al Almirante de Castilla, por atribuirles haber hechizado al monarca. El Consejo no encuentra pruebas suficientes y se opone. A la muerte del Inquisidor General, durante cinco años estuvo vacante el cargo de Inquisidor General ya que no había acuerdo para su nombramiento.

El mismo año de 1488, en Valladolid se dan unas nuevas ordenanzas de actuación de los tribunales ya establecidos por todo el país.

Tratemos de reconstruir los diferentes pasos del proceso, tal como estaba establecido en los manuales al uso, sin olvidarnos que nos situamos en los finales del siglo XV o mediado el XVI.

Imaginemos un pueblo castellano en el que la mayoría de las personas malviven de la agricultura, unos pocos de la artesanía, alguno que otro del comercio, un grupo no desdeñable de los demás y unos pocos de una incipiente industria. Los hay que han sobrevivido a las guerras bien defendiendo a sus señores naturales o a los reyes. El ritmo de vida y muerte es implacable. Grande la mortalidad infantil o la producida en los partos o en los post partos. Los niños que sobreviven son periódicamente diezmados por pestes o epidemias. Hay tullidos y enfermos. Algunos, que reaccionan de formas inexplicables, se consideran poseídos de algún maleficio o simplemente endemoniados. A los cuarenta años, la vida está a punto de acabar y los ancianos tienen pocos años más que el medio siglo de vida. Solo muy rara vez se alcanzan edades superiores.

La religión marca el paso del tiempo. Los domingos, las fiestas, la Navidad, la Pascua... Pero también los días. La oración al salir al campo en la mañana, y la de la tarde al calor del hogar.

Los sermones ilustran, emocionan, hacen llorar a veces.

Hay familias de rancio abolengo cristiano. Pero también las hay más «nuevas» que provienen del judaísmo. Incluso hubo un barrio judío casi despoblado pues los que allí habitaban han huido o se han hecho cristianos. En la plaza se mezclan charlatanes, brujas, barberos, bufones, mendigos...

La Suprema ha decidido hacer «una inquisición» en el pueblo porque alguien, jamás se sabrá quien, ha denunciado a varios vecinos de realizar prácticas contrarias a la fe cristiana. Tal vez no asistieron a la matanza (los judíos no comen cerdo) o vistieron sus mejores galas un día que no era fiesta (era una fiesta judía) o han dicho algo en hebreo...

El primer paso es la promulgación del Edicto de Gracia. (Luego se llamará edicto de fe). Es un tiempo de gracia y perdón. Dura unos treinta o cuarenta días y durante este tiempo cualquiera puede auto acusarse de sus faltas y pedir perdón por ellas.

La gente duda. Tal vez en aquella ocasión dije algo, a lo mejor un día en misa pensé... ¿Quién puede afirmar que está totalmente libre de pecado? ¿Quién pude asegurar que nunca hizo, dijo o pensó algo contrario a la fe? ¿Quién está seguro de que un vecino al que debe algo no interpretó mal un comentario o una simple exclamación? ¿Quién puede estar seguro de que en su familia nadie ha faltado a sus obligaciones con la Iglesia?...

Tantas posibilidades, tantas dudas y sobre todo tanto miedo, hace que mucha gente confiese incluso aquello que jamás hizo. Por si acaso.

El tiempo de gracia se ha iniciado con un sermón largo, detallado, en el que el predicador ha insistido en la necesidad de confesar las propias culpas y denunciar las ajenas. Ha presentado a la Iglesia como una madre, pero una madre exigente que ante el pecado pide una reparación. ¿No murió acaso Cristo por nuestros pecados?

El predicador no ha escatimado imágenes terroríficas sobre el infierno. Tampoco ha dejado de insistir en la duración de las penas: la eternidad, esa falta de límites y ha puesto mil ejemplos para tratar de acercarse minimamente a esa eternidad. Los judíos no tienen salvación. Ellos mataron al Señor. Pero si es malo ser judío, peor aún es tratar de atraer a los cristianos al judaísmo simulando ser cristiano, profanando los sacramentos y manteniéndose hebreo en el interior. Esta actitud es disolvente para la Iglesia y hay que erradicarla.

¿Quién no tiembla ante la inminencia del juicio?

Estos días del edicto de gracia, la gente comenta en voz baja, acusa a unos, delata a otros, desvela cosas impensables de unos y otros.

Algunas acusaciones parecen de poca monta y con una limosna y una penitencia queda la culpa perdonada y advertido el pecador.

Pero hay otras denuncias que parecen más serias y requieren un estudio cuidadoso. En el tribunal hay calificadores expertos que analizan con detalle cada una de las propuestas. Si creen que hay materia suficiente, se detiene al sospechoso y se le mantiene en una cárcel secreta durante un tiempo indefinido que dependerá de gravedad del asunto y de la acumulación de trabajo que tenga el tribunal.

En aquellos tiempos, las cárceles eran especialmente duras. Todas. El prisionero perdía prácticamente sus derechos y vivía en condiciones extremas. Humedad, mala alimentación, poco descanso. La Inquisición distinguía entre dos tipos de cárceles. La preventiva, antes del proceso, que era un lugar secreto y la cárcel en la que se cumplía la condena si esta era de prisión.

Con el tiempo la Inquisición procuró evitar la condena a la cárcel durante largos períodos, ya que ni disponía de dinero para mantener las cárceles, ni de lugares adecuados, por lo que esta condena a un tiempo de cárcel se conmutaba por otra fórmula de castigo con una cierta facilidad.

En la prisión preventiva, dentro de lo terrible que en aquella época era la vida carcelaria, la Inquisición obligaba a sus funcionarios a mantener una serie de atenciones, por decirlo de alguna forma, o visitas a los reos, cosa que no ocurría en las cárceles civiles.

En nuestro caso, lo peor era el tormento de no saber cual era la causa por la que se estaba en prisión, ni el tiempo que esto iba a durar, ni cual sería el final del proceso que rara vez terminaba con la absolución del reo, ni quien había sido el acusador.

Varios años pasó en la cárcel fray Luis de león acusado por un colega de la Universidad de Salamanca y conocidos son sus versos al salir de la cárcel,

Aquí la envidia y mentira
me tuvieron encerrado.
Dichoso el humilde estado
del sabio que se retira
de aqueste mundo malvado
y con pobre mesa y casa
en el campo deleitoso,
con solo Dios se acompasa,
y a solas su vida pasa
ni envidiado ni envidioso.

Fray Luis era catedrático de teología moral en Salamanca desde 1561. Había ganado con amplitud esta cátedra, aunque la que de verdad deseaba Fray Luis, era la de Sagrada escritura que disputará después de salir de la cárcel a Domingo de Guzmán.

Fray Luis siempre estuvo convencido de su inocencia y de que la envidia de algunos colegas estaba detrás de su proceso y del de sus colegas de universidad Cantalapiedra y Grajal todos de familia conversa y especialistas en temas escriturísticos.

Los tres procesados habían expresado sus dudas sobre la calidad de la traducción de Jerónimo, conocida como la Vulgata, que acababa de recibir en Trento nuevas alabanzas por parte de los padres conciliares.

Menos conocidas, pero también sugerentes, son los versos con los que Domingo de Guzmán, dominico e hijo del poeta Garcilaso de la Vega y que había disputado la cátedra de Biblia de Salamanca a Fray Luis, le contestó.

Por qué las inicuas leyes
y sectas de perdición
no estragaran su nación
nuestros Católicos Reyes
fundaron la Inquisición.
La cual, como fue tratada
estando Dios en la mira,
salió tan bien acertada
que jamás pudieron nada
aquí la envidia y mentira.

No olvidemos que Domingo de Guzmán pertenecía a la misma orden religiosa que el acusador de Fray Luis.

Este cruce de versos prueba no solo los duros enfrentamientos que había entre los frailes de las diferentes órdenes y las artimañas que a veces se utilizaban para lograr los puestos de privilegio, sino también, cómo en la sociedad de la época a muchos la Inquisición les parecía algo normal y necesario a pesar de los métodos empleados.

Volvamos a la cárcel de la Inquisición, por qué había dos penas añadidas: Al reo se le privaba de los sacramentos, con lo que se le explicitaba su situación al margen de la Iglesia y por tanto, alejado de los consuelos habituales. Y además los bienes del prisionero eran confiscados por la Suprema con las terribles consecuencias que eso significaba para la familia del acusado.

La Suprema se financiaba con estos recursos lo que hacía que la confiscación de los bienes se ejerciera con enorme prontitud. Es decir, que por el solo hecho de estar a la espera de juicio, antes de que se iniciara el procedimiento judicial ya se había destrozado al sospechoso tanto en su espíritu como en su hacienda.

Un día, de repente, el acusado es llamado ante el tribunal. La audiencia no es pública. El juez es quien ha instruido la causa. El reo tiene derecho a un abogado de oficio que hace un penoso papel limitándose a figurar en la sesión del juicio y poco más. Para obtener la confesión del reo está autorizada la tortura en un cierto grado, y siempre en presencia de un médico y un secretario que toma nota de todos los detalles. No solían excederse en la aplicación de torturas pues lo que se pretendía sobre todo era obtener una confesión del inculpado. La tortura se aplicaba con el reo desnudo y si se trataba de una mujer se la cubría con un «paño de vergüenza»

Cuando se consideraba necesario, la tortura se aplicaba entre las diferentes sesiones de la vista.

Como las acusaciones eran anónimas, el desgraciado no sabía quien ni por qué le acusaba por lo que su propia defensa era muy difícil ya que luchaba contra fantasmas que nunca aparecían con claridad. En teoría se podía incluso recusar al tribunal, pero no dejaba de ser una posibilidad teórica que era mejor no intentar.

La sentencia podía ser «con mérito» o «sin mérito». Incluso podía ser absolutoria, lo cual era extremadamente difícil.

Si la condena era a muerte, se entregaba al reo al brazo secular para ejecutar la pena. Si antes se confesaba, se le ahorraba la tortura de las llamas y era estrangulado previamente y quemado el cadáver. Si había huido o ya había fallecido el acusado, se le quemada en efigie para que la infamia recayera igualmente sobre sus familiares y amigos.

Toda esta parte de la ejecución de las sentencias tenía lugar dentro de una tremenda ceremonia que se llamaba Auto de fe.

Juzgaba la Suprema en materia de fe sin contar con la jerarquía de la Iglesia, ni mucho menos con el clero. Y máxime cuando se decía por todas partes que este tribunal cometía excesos que eran relatados por la gente con horror ante los procedimientos que se decía empleaban. Tal fue el nivel de la protesta que el Papa Sixto IV se asustó y revocó los plenos poderes concedidos a los inquisidores tratando de situarlos bajo el control de los obispos.

Fernando consideró esta medida humillante y una vez más el papa cedió ante el rey y todo siguió como los reyes querían.

Fernando tenía otra dificultad en su reino. En Aragón había existido la Inquisición episcopal, pero esta novedad en la que quedaban excluidos los obispos y en la que además se imponía el poder de un extranjero, como lo era Torquemada para los aragoneses, no gustaba y las fuerzas vivas del reino estaban dispuestas a forzar la situación todo lo que fuera necesario. Lo que se hiciera en Castilla no tenía por qué hacerse de idéntica forma en Aragón.

Fernando también estaba decidido a mantener el pulso y ganarlo. Así en mayo de 1484 nombró a dos inquisidores para Aragón: Gaspar Juglar y Pedro Arbués, que inmediatamente iniciaron sus trabajos.

En Cataluña y en Valencia aun existía la Inquisición papal y había inquisidores nombrados y en funciones. Unos y otros se negaban a aceptar las imposiciones de Fernando que no habían sido tratadas debidamente en las cortes, lo que iba contra los fueros. El rey tuvo que tomar medidas de fuerza para imponer su voluntad.

Sin embargo, de repente, el problema entre el rey y sus súbditos iba a tomar una dirección inesperada.

El quince de septiembre de 1485 el inquisidor Pedro de Arbués rezaba en la catedral de la Seo de Zaragoza al caer la tarde, cuando ya no había fieles en el templo. Como precaución, pues había sido advertido del peligro, llevaba debajo de su hábito una cota de malla para protegerse de posibles percances. A pesar de esta oculta defensa, un grupo de individuos se acercó a él por la espalda y le apuñalaron dejándole sin vida.

La ciudad se conmovió sobre todo cuando se descubrió que los asesinos eran un grupo de conversos. El tribunal se ensañó con los culpables, sin olvidar a sus familiares y amigos. Muchas familias importantes huyeron o fueron diezmadas sin piedad. A partir de entonces, nadie pareció discutir la conveniencia de un tribunal riguroso.

AUTO DE FE. CAPÍTULO X

EN EL MUSEO

Seguramente, el Museo del Prado es el edificio más visitado de Madrid y puede que de toda España. Raro es el visitante de la capital que no dedica un rato, más o menos largo, a visitar esta maravilla donde la creatividad humana parece desbordarse.

En el antiguo prado de los agustinos recoletos, allí donde en el siglo XVIII terminaba la ciudad de Madrid, cerca de la puerta que abría el camino hacia Alcalá, decidió el rey Carlos III, el rey alcalde, construir un Real gabinete de Ciencias naturales. Junto a él estaría, como aún está, el jardín botánico, permanentemente enriquecido con plantas traídas de las Indias Occidentales. Y el eje de edificios dedicados a la ciencia, se completaría con el real observatorio astronómico, situado en un montículo próximo.

Es a finales del siglo, cuando el Conde de Floridablanca, ministro de su Majestad, encarga la construcción del edificio. El arquitecto Villanueva ha sucedido en el cargo de arquitecto mayor del rey al italiano Sabatini, ya fallecido, y autor entre otras obras del palacio real de Madrid.

La superficie del edificio ronda los 8000 metros cuadrados, y a lo largo de su historia, ha sufrido numerosas reformas, y se prepara para la que dicen será la definitiva, acompañada de fuerte polémica, como lo fueron las reformas anteriores.

Ya Fernando VII decidió dedicar el que iba a ser gabinete de Ciencias, a museo de pintura que albergara la gran colección real, que inicialmente estaba formada por 311 pinturas de la escuela española a las que se fueron añadiendo otras obras italianas y flamencas de tal forma que a mediados del siglo XIX los fondos del Prado superaban el millar. Hoy superan los tres mil cuadros, a los que hay que añadir varios cientos de esculturas y multitud de otros objetos artísticos de gran valor.

Fui al museo del Prado, una vez más, a ver el cuadro, después de mucho tiempo leyendo sobre el tema de la Inquisición. Quería comprobar si ahora, conociendo más a fondo la historia de la Suprema, seguía viendo el cuadro de la misma forma.

Elegí una tarde tranquila del otoño madrileño tratando de huir de las aglomeraciones del verano. Quería tener una sesión a solas con el cuadro.

Entré en el museo por la llamada puerta baja de Goya, y pasé a la sala 50. En ella, como si la estuviera presidiendo, se contempla el Santo Domingo que pintó Bartolomé Bermejo, con los atributos de abad y rodeado de las cuatro virtudes cardinales y las tres teologales. Se le encargó al pintor en 1474 para ornato de Santo Domingo de Silos de Daroca. En el año 1477 se entregó la obra y no llega al Museo del Prado hasta 1920. Se trata de Santo Domingo de Silos, que vivió en el siglo XI y al que encargaron reformar el Monasterio de San Sebastián, que ahora se llama de Santo Domingo de Silos en su honor. Este cuadro resulta imponente con clara influencia flamenca, en el que el dorado resalta con fuerza.

Junto a él se puede ver el retablo del arzobispo Gonzalo de Rojas del que es autor Rodríguez de Toledo.

Pasamos a la sala 49 donde hay diversos cuadros de escuela italiana; Boticelli, Antonello de Mesina, Traini, Fra Angelico, Giovanni de Ponte y el «Mantegna», el tránsito de la Virgen al que le falta la parte superior en la que se contempla a Dios recibiendo el espíritu de María, y que separado del resto de la obra, se encuentra actualmente en Italia.

La primera puerta a mano izquierda, da a la sala 57.B. Y en este pequeño recinto, está la obra de Berruguete. Es una habitación rectangular, pero sin gran diferencia entre el lado largo y el corto. Entrando, desde la sala 49, a mano izquierda, vemos «La Virgen de los Reyes Católicos» obra anónima que a veces se ha atribuido al letón Sitow. Es un modelo perfecto para conocer como los que encargaban las obras de arte. Los Reyes Católicos en este caso, querían aparecer, en la obra que encargaban y rodeados de aquellas personas vivas o difuntas, que merecían su especial aprecio. En este cuadro, además de la Virgen con el Niño, se pueden ver a los Reyes, y a los infantes Juan e Isabel.

Los Reyes son claramente más jóvenes de lo que corresponde al momento en que es pintado, fecha que se puede deducir, por gusto de los trajes que podemos apreciar en el cuadro.

Además figuran Santo Domingo de Guzmán y Santo Tomás de Aquino, fundador y gloria de la orden de predicadores. También hay otros dos dominicos. Uno es san Pedro Mártir al que se reconoce fácilmente ya que está representados los signos de su martirio. El otro fraile, se ha dicho a veces que es Torquemada. No parece lo más probable ya que comparte con los santos de la orden el espacio de este cuadro. Podría ser Pedro de Arbués, inquisidor de Aragón que había sido asesinado en la catedral de Zaragoza poco antes de que se pintara el cuadro pero no era dominico y si se trata de una exaltación de la orden de Santo Domingo al figurar junto a los reyes, no es lógica la presencia de alguien ajeno a esta orden. También se ha dicho que se tratadle humanista Pedro Mártir de Anglería.

Sea quien fuere, esta obra de arte tiene mucho que ver con nuestro santo Domingo presidiendo un auto de fe.

Si continuamos girando en el sentido contrario a las agujas del reloj, en la siguiente pared vemos el retablo de San Pedro Mártir compuesto por cinco cuadros todos ellos de Pedro Berruguete; el santo en el centro, san Pedro orando, san Pedro predicando, la muerte del santo y el sepulcro de san Pedro.

Continuamos en nuestro camino vemos en la pared de enfrente a la de entrada, en la que está la puerta de acceso a la sala 57, «la aparición de la Virgen a una comunidad de dominicos» e inmediatamente después de la puerta, está el «Auto de fe presidido por santo Domingo».

En la cuarta pared podemos contemplar «el milagro del libro» y «Santo Domingo» justo junto a la puerta que da ala sala 56B.

Al contrario del resto de los visitantes que caminan pausadamente recreándose en la visión de la ingente cantidad de arte que atesoran sus muros, me dirigí con rapidez al lugar en el que está el «Auto de fe presidido por Santo Domingo».

No está en un buen lugar. Estoy seguro de que muchos visitantes del museo pasan varias horas en él sin prestarle ninguna atención. Si se paran algunos, los que pasan por la planta baja, es porque en la visita guiada que se puede seguir con auriculares, es unos de los cuadros señalados y sobre el que se hace un comentario.

Me situé enfrente. Quería hablar al cuadro y que él me hablase. Trataba de entrar a formar parte de ese abigarrado conjunto de personas que plasmó Berruguete sobre su inmortal tabla.

Los visitantes, extranjeros en su mayoría, pasaban ante él con rapidez. Apenas si se paraban un instante como si estuvieran robando tiempo a los grandes genios de la pintura. Iban con prisa a ver a Velázquez, Goya, Murillo, el Greco, Zurbarán... o venían ya cansados de estas salas como cumpliendo de mala gana el rito de visitar el resto del museo, convencidos de que ya nada mejor de que habían visto era posible contemplar.

Tampoco las dimensiones del cuadro ayudan a darle la importancia que se merece. 1'54 x 0'92 m. es muy poco si lo comparamos con las grandes dimensiones de tantas grandes obras que alberga el Prado.

Recordé que siendo joven había leído que para el conocido crítico de arte Eugenio D'Ors, el mejor cuadro de todo el museo, era el «Tránsito de la Virgen» de Mantegna que es aún más pequeño que el «Auto de fe» y del que hemos hablado por encontrarse en la sala contigua del museo.

Seguía frente al cuadro, al que ya consideraba como algo mío, y seguía empeñado en que me hablara. Y aquella tarde serena del Prado, poco a poco, quedamente, subiendo muy despacio el volumen de su voz, el cuadro me empezó a hablar.

Entre los muchos personajes que aparecen en el cuadro, era posible hacer una sencilla clasificación.

Los indiferentes.

A los pies de Santo Domingo, hay una figura oronda que duerme. Lleva la cabeza descubierta y sostiene en sus manos un libro. Ajeno al drama que se desarrolla a su alrededor, duerme plácidamente como si nada pasara. La figura resalta entre el resto de personas que aparecen en la escena. Ocupa casi el centro físico del cuadro. Sus ropajes claros destacan del resto algo más oscuros. Está grueso. En una época en la que el hambre se ensañaba con la mayoría de la población, estar gordo era todo un signo de bien vivir. Es una de las tres personas que están sentadas en el peldaño inmediatamente inferior a Santo Domingo, pero muy por encima del resto. Es un lugar de dominio. Y él duerme. El dolor, el sufrimiento, el miedo... que atenazan a los condenados y que están cerca de él, le es indiferente. No es que le preocupe poco, es que le da exactamente igual. Hoy diríamos: ¡ pasa!

Uno se pregunta como es posible ignorar el dolor de los demás, cuando están a tu lado. Seguramente la distancia nos hace insensibles, pero cuando el dolor está a nuestro lado, cuando podemos tocar, incluso en esta macabra situación oler el sufrimiento humano ¿Es posible dormir?

Tal vez sea el truco para no sentirse involucrado. Si no se ve lo que pasa, no se siente obligado a cambiarlo. Si uno duerme mientras otros sufren, ignora el sufrimiento y puede seguir durmiendo. Ni el miedo,

ni el ruido de la multitud, ni los ecos del miedo. Nada le turba el sueño.
Cuanto sueño ante el sufrimiento de los demás. ¿Cuántos dormían entonces?¿Cuantos duermen ahora?

Los espectadores.

Debajo del estrado se apiña un nutrido grupo de espectadores. Son las personas de categoría inferior, pues la gente de importancia ocupa tribunas y balcones cómodos porque el espectáculo es largo. Estos que aparecen en el cuadro se agolpan y empujan tratando de ver mejor, de no perderse nada.

A lo mejor llevan horas esperando para poder tener la opción de estar más cerca. Y lo han logrado; están muy cerca del centro del espectáculo que son los ajusticiados.

Hay incluso algunos que asoman entre los peldaños de la escalinata que conduce a la presidencia lo que da idea de cuanta gente se acumula debajo del estrado.

Todo lo humano, lo más sublime y lo más indigno, puede trasformarse en espectáculo. Basta con que haya público dispuesto a convertirse en espectador.

Suele ocurrir que los espectadores luego son remisos a aceptar que contemplaron determinados espectáculos. Sienten una cierta vergüenza de haberse prestado a ese juego, cosa que probablemente hicieron con gusto en su momento. Muchas son entonces las excusas; fue un momento, pasaba por allí... Presenciarlo parece que no compromete a nada. Sin embargo es formar parte del conjunto. Es participar. Es mostrar interés por lo que ocurre, es en definitiva aceptar una parte de responsabilidad.

Seguramente entre los espectadores hay una inmensa variedad de sentimientos. Entre el puro morbo y la sincera compasión caben muchas posturas y todas ellas se dan.

Efectivamente, el cuadro iba hablando. Pero además de poner al descubierto sus propias entrañas, él me preguntaba. Era como si me estuviera diciendo: «el que no tenga pecado, que tire la primera piedra»

No es que justificara su tiempo y las cosas que en él pasaban. Es que me advertía sutilmente que hoy seguían sucediendo. Tal vez de otra manera. Pero en el fondo, que poco han cambiado las cosas.

Y yo imaginaba los millones de espectadores del dolor ajeno que contemplan tranquilamente el sufrimiento de los demás, escudados, esos sí, en la lejanía o en la supuesta imposibilidad de resolver un problema que atañe a otros.

¿No resulta igual de obsceno este voyerismo televisivo de nuestro tiempo?

La sala seguía silenciosa. Los visitantes del Museo pasaban y apenas se detenían. Pero el «Auto de fe» que Pedro Berruguete pintó hace siglos, seguía hablando, y cada vez más claro.

Los profesionales.

Hay en el cuadro, varios tipos de profesionales.

Empezando por los soldados, hay cuatro. Dos van a caballo y dos a pie.

Los que van a caballo llevan enjaezadas sus monturas. Es día de fiesta. A los animales parece que les han puesto sus mejores galas. Un soldado lleva casco y una vara. Los dos charlan entre sí son aire indiferente. Están cumpliendo un trabajo. Es la obediencia debida. Parece que incluso se puede adivinar un gesto de rutina en sus rostros. Tal vez estén comentando algo intrascendente, que nada tiene que ver con lo que está pasando a su alrededor. Es de alguna manera, la trivialización del mal. Se hace daño, pero no se tiene nada en contra del dañado.

Dice Edmund Burke, comentando el ascenso de Hitler, «El único requisito necesario para que el mal se propague, es que los hombres buenos no hagan nada».

En la película «La lista de Schlinder» hay un momento que personalmente me parece de los más tremendos de un film en el que hay muchas ocasiones en las que parece que hemos llegado al límite. Es la escena en la que dos soldados alemanes entran en una habitación para llevar la muerte a los que logren apresar y escuchan una melodía al abrir una puerta. «¿Mozart?» pregunta uno de ellos. «No. Beethoven» contesta el otro. Y siguen su macabra búsqueda como si nada ocurriera. Siguen con su trabajo. Es la mezcla de lo más sublime y lo más infame que es capaz de convivir en las personas. Somos capaces de emocionarnos al escuchar una bella melodía, mientras estamos siendo verdugos de nuestros hermanos. ¿O no son hermanos?

En la serie de televisión «Hermanos de sangre» producida por el mismo Spilberg y ganadora de varios premios, se narra la historia de una compañía paracaidista americana que fue lanzada el día D detrás de las líneas alemanas. A lo largo de los capítulos de la serie, vamos acompañando a los soldados de la Compañía Easy en sus desplazamientos por Europa en los meses finales de la guerra mundial. Casi al final de la serie, dos soldados norteamericanos escuchan tocar el violín a unos alemanes en medio de un pueblo destrozado por las bombas. Uno de ellos comenta:

—Estos alemanes no saben vivir sin Mozart.

Otro contesta.

—No es Mozart, es Beethoven.

Parece querer decir que también los soldados norteamericanos son capaces de emocionarse con una bella música.

Los dos jinetes del cuadro, charlan, comentan, se esconde de la realidad detrás de su trabajo. Es una rutina más. Mañana será otro día.

Los dos soldados de a pie, llevan lanzas y uno de ellos escudo. ¿Acaso temen a esos pobres condenados?¿Piensa que va a necesitar defenderse de un posible ataque?

Estos tienen un aspecto menos relajado. Más bien parecen apresurados. Como si fueran corriendo por alguna razón. Se miran. Uno de ellos parece estar dando un traspiés al bajar ese escalón extraño que ha pintado Berruguete. El soldado es como si intentara recuperar la verticalidad En cualquier caso ¿a dónde van tan deprisa? Uno de los condenados le mira con cierto desdén. Se diría que los soldados son decoración más que cualquier otra cosa. Están por estar. Forman parte del cuadro y poco más.

Los frailes.

Además de Santo Domingo hay otros tres frailes. Dos son de la orden de predicadores, como el lógico ya que fueron los dominicos los que encargaron la obra para uno de sus conventos.

Uno de los frailes, junto al santo, puede ser un inquisidor, que parece comentar alguna incidencia, con el que está a su lado, que tal vez sea un secretario del tribunal. El fraile tiene un libro y hace con la otra mano un gesto como queriendo explicar algo. Su interlocutor le escucha serio y pensativo y tiene en sus manos también un libro, de encuadernación lujosa.

Otro fraile, con la capucha sobre la cabeza trata de reconciliar a uno de los acusados que no parece hacer demasiado caso de los consejos del fray que le ofrece un crucifijo. Los dominicos llevan hábito blanco y capa negra, mientras que este por el contrario lleva hábito negro y capa blanca. No eran los dominicos los únicos que participaban en los tribunales de la Inquisición. Si bien es verdad que tenían en ellos una especial preponderancia, otras órdenes también facilitaban efectivos para la erradicación de la «herética parvedad»

Ocupando el vértice de la pirámide que es el cuadro, está Santo Domingo de Guzmán.
Hacía ya muchos años que había muerto el santo. En la escena, que refleja una leyenda que figura en su biografía. El santo está atento a la reconciliación del hereje Raimundo que se ha despojado de la coroza pero no del sambenito y parece que va a subir a lo alto del estrado a ser abrazado por el santo, siguiendo las instrucciones del fraile dominico que está junto a él.
Hay también en el ángulo superior izquierdo un oficial de la Inquisición que sujeta un estandarte. Lo curioso es que no se trata del estandarte de la Inquisición con la cruz el olivo y la espada, sino de la cruz propia de la orden de predicadores.
Santo Domingo juega en toda la escena un papel diferente. Tiene actitud de acogida. Es como un oasis de perdón en un conjunto marcado por el horror y la falta de compasión. Seguramente eso intentó el artista. Destacar la actitud del santo por encima de cualquier otra realidad.
Entre sus manos el santo tiene una rama de azucenas, símbolo por excelencia de la pureza.
Resulta curioso que los rostros y las actitudes de los personajes que discurren por la escena, carecen de crispación. Ni siquiera los dos desgraciados que están en la hoguera o los que les van a seguir, tienen rictus de dramatismo. Todo parece como normal. Da la impresión de cada cual representa su papel y lo hace convencido de que el suyo es el mejor papel que podía corresponderle. Es un puzzle en el que cada pieza encaja con las que están cerca. Nada falta, nada sobra.
Hay también un conjunto de secretarios, escribanos, consejeros. Representan el enorme aparato burocrático que era la Suprema. Uno a la derecha, junto al que está dormido, parece leer las sentencias. Otro frente a él, espera su turno. Parece que se trata de un auto de fe en el que hay numerosos condenados. De cada uno se leían sus fechorías y

los motivos por lo que se le condenaba. Hay tiempo de sobra. Los autos de fe solían durar muchas horas y los más solemnes días enteros. A la derecha, desde lo alto del estrado, alguien con las manos extendidas tiene un extraño gesto de difícil interpretación.

Ya hemos dicho que la escena carece de rigor histórico. Santo Domingo murió mucho antes de que el Papa aprobara en 1483 la Inquisición y difícilmente pudo presidir un auto de fe. Pero la leyenda de su vida sobre la conversión del hereje Raimundo, es traspuesta a otra época y de esta forma, la caridad del santo resalta entre los estertores del acto de fe. Además nunca el lugar de las ejecuciones era el sitio donde se celebraba el auto de fe. Los condenados, una vez escuchada su sentencia, eran conducidos a las afueras de la ciudad donde tenía lugar la ejecución. En las afueras había verdaderos quemaderos, ya preparados, en los que los leñadores acumulaban la leña necesaria para poder cumplir las sentencias.

Los condenados.

Berruguete representa en su obra a seis. Dos ya en la hoguera. Otros dos a punto de ser quemados. De un quinto se atisba la coroza al fondo a la izquierda esperando que le llegue su turno. Y por fin Raimundo el hereje contumaz convertido por Santo Domingo, y perdonado.

La hoguera era el símbolo más elocuente de las penas del infierno, que sin duda esperaba a los ajusticiados sin absolución. Era el fuego eterno su terrible futuro y tal vez por ello a los jueces no les parecía de especial crueldad adelantar unas horas ese fuego y quemar en vida a alguien que iba a pasar toda la eternidad en el fuego del infierno.

Esa vieja imagen de las llamas del infierno, preside el imaginario medieval y se mantiene en la edad moderna. Ya en el antiguo Jerusalén en tiempos de Jesús de Nazaret, el valle de la gheena, cerca de donde se abre la llamada puerta de la basura, era el estercolero de la ciudad y en él había un permanente fuego para quemar la basura que producían los habitantes de Jerusalén. A veces eran simples rescoldos, que en ocasiones se avivaban originando verdaderas llamas que azuzaban la imaginación popular. De esta imagen familiar a los vecinos de la capital de Judea nace la idea de que los condenados pasarán una eternidad en un fuego que nunca se consume ni consume lo que está quemando. Así se imaginan el infierno, y así los predicadores se encargan de impresionar a los fieles para evitar el riesgo de acabar en un lugar tan espantoso.

Las llamas de la hoguera que pintó Berruguete, parecen de mentira. Son trasparentes y no dan la impresión de estar dañando especialmente a quienes están entre ellas. Resultan tan poco reales que son casi grotescas. Tal vez lo saben los condenados, atados a los postes y con un paño de castidad para cubrir sus vergüenzas y apoyados en un vástago, para sostener el peso del cuerpo. Tienen las manos sueltas y parecen contemplar a los que les van a suceder en el tormento. Estos llevan el sambenito y la coroza. El nombre de sambenito viene de la ropa de penitencia de los monjes que se adopta para la penitencia pública de los condenados. En él se escribía la sentencia y la causa que la había motivado, de forma que la gente al ver pasar la procesión de condenados podía identificar a cada uno saber el fin que le esperaba y quedar advertido de lo que ocurría si se caía en los pecados en los que el reo había incurrido. Según la gravedad, los espectadores proferían comentarios o insultos o simplemente tomaban nota. Con los años, se fue creando todo un lenguaje de signos dibujados en los sambenitos que hablaban por sí mismos más que cualquier discurso.

La coroza era un gorro infamante que portaban como otro signo más de ignominia.

Solían llevar las muñecas atadas y en las manos un cirio verde, color de la Suprema, pero apagado, para indicar que la fe de aquella persona estaba muerta por el pecado. En caso de que la condena no fuera la muerte y el reo saliera con vida del auto de fe, se le encendía el cirio para expresar que ahora tras la condena y la penitencia impuesta la fe volvía a brillar.

El pintor no refleja este detalle del cirio, aunque si el de la cuerda que en este caso la llevan al cuello y es sostenida por un oficial del Santo Oficio que sentado en el ángulo inferior derecho tiene el aspecto de estar mortalmente aburrido.

AUTO DE FE. CAPÍTULO XI

EL HORROR

La Inquisición. Solo su nombre produce un estremecimiento al creyente. Al margen de la utilización que de ella se ha hecho, por encima de que se haya usado como elemento de propaganda antieclesial, la Inquisición es una realidad dolorosa con la que los cristianos tenemos que convivir. De nada sirven las disculpas. La Inquisición es, tal vez, el mayor pecado de la Iglesia y es por ahí por donde debemos empezar.

¿Cómo se llega a que en nombre del amor se produzca tanto espanto? ¿Cómo es posible, que sabiendo el horror que vivió la comunidad cristiana al ser perseguida, esa misma comunidad andando el tiempo, se va a convertir en implacable perseguidora? Además de los intereses políticos que tanto tuvieron que ver en la historia de la Inquisición, no cabe duda de que muchas personas de buena voluntad, honestos cristianos que buscaban sinceramente acercar sus vidas al evangelio, participaron activamente o con su silencio cómplice, en la historia dramática de aquella Institución a la que como un sarcasmo más, se la conocía con el nombre abreviado de «la Suprema»

En aquella sociedad medieval, el hereje era un peligro social. Su «error» subvertía el orden. El plano religioso y el plano civil se confundían plenamente y el que no estuviera dentro de la ortodoxia era al mismo tiempo un elemento peligroso para la sociedad. La Iglesia, la jerarquía, poseía y administraba la verdad. El cristiano laico no tenía voz si no era poderoso. Aquellos cristianos que intentaron ser ellos también portadores del mensaje del Evangelio, y por lo tanto trataron de predicar a sus conciudadanos, como Pedro Valdo, eran inmediatamente sospechosos de herejía y se les prohibía una actividad que era exclusiva del clero. No solo eso; es que su vida resultaba sospechosa, sino encajaba dentro del estilo de aquellos que tenían el poder. Por eso los que trataban de adaptar su estilo y costumbres a la sencillez del Evangelio eran rápidamente considerados como sospechosos, aunque se llamaran Juan Bernardote que pronto adoptará el nombre de Francisco de Asís.

Y es que en definitiva esas formas de vida eran insultantes para aquellos que querían controlar el cuerpo y el alma de sus súbditos.

La Inquisición recorre un largo camino y tiene variadas formas según los tiempos y lugares. Sus procedimientos se fueron estableciendo y organizando para hacerlos cada vez más efectivos. Se buscaron las justificaciones más peregrinas para salvar los atisbos de mala conciencia que pudieran surgir en su seno. De alguna manera se logró adormecer la conciencia de los actores y de los espectadores de un espectáculo macabro en todos los pasos que van desde el inicio de «la inquisitio» hasta el auto de fe. Subterfugios morales para justificar lo injustificable. Nadie escapó a la Suprema. Conversos, intelectuales, frailes, monjas, obispos, funcionarios reales... estuvieron bajo sospecha o condenados a las más diversas penas.

¿Y como un cristiano de hoy puede convivir con esta realidad?.

En primer lugar no negándola. Aceptando la realidad. No tratándola con paños calientes ni con justificaciones.

Nunca más. Esa sería la respuesta. Nunca más. Aunque no sirve de consuelo ni de disculpa, el panorama de hoy también está teñido de intransigencias, de persecución, de dolor y de muerte. Y como siempre se ceban estas tristes realidades en los más débiles. Pueblos enteros desplazados, grupos humanos perseguidos y borrados del mapa, millones de seres privados de sus más elementales derechos, de su dignidad de lo más radicalmente humano.

Seguramente no somos mejores. Tal vez más refinados, más hábiles en producir el dolor.

No es un consuelo ni una disculpa. Es una triste realidad. Seguimos usando el nombre de Dios en vano.

¿Es que no hemos aprendido aún?. ¿Es que no hemos abandonado nuestro corazón de piedra?.

No es un consuelo ni una disculpa. El «nunca más» brota de dentro al contemplar «El auto de fe».

Desazón. Contemplando la tabla de Pedro Berruguete, ese abigarrado mosaico en el que aparecen hasta 57 personas, se tiene una extraña sensación, que cuesta definir.

Uno se siente muy dentro de ese cuadro. No se es un mero espectador que curiosea por el museo. Tampoco es su estilo, o cualquier otro aspecto técnico el que te engancha a la escena. Se está frente a la representación tal vez más clara, de una época de la Iglesia, de una de las más dolorosas épocas de la Iglesia. La intransigencia, el dolor, el pánico, tantas y tantas consecuencias de aquella forma brutal de buscar el bien que fue la Inquisición, estaban frente a mí. Creo que era desazón lo que sentía. Si, seguramente esa es la palabra más cercana para expresar lo que me pasaba.

Desazón: sensación anímica de intranquilidad, temor y falta de alegría.

Intranquilidad. Jueces, hogueras, verdugos, condenados... como no va a producir intranquilidad. Aquellos personajes tenían nombre y apellidos, familias, amigos. Unos y otros envueltos en procesos cárceles y condenas. Y todo en nombre del Dios del amor.

Temor. ¿Habremos sido capaces de superarlo? ¿No somos jueces en muchas ocasiones que condenan a los demás a los que no piensan igual, a los que disienten?

Falta de alegría. Es la consecuencia. No es precisamente alegría lo que se siente viendo el cuadro. Muy al contrario, me resultaba imposible evitar un profundo sentimiento de tristeza.

Era ciertamente desazón lo que sentía al contemplar el «Auto de fe presidido por Santo Domingo», que pintara Pedro Berruguete hace cinco siglos.

Sin embargo los visitantes del museo del prado no parecían compartir conmigo mis sentimientos. Se acercaban indiferentes. Algunos ni se paraban a verlo despacio. Otros se detenían un instante comprobaban la tablilla que indica el autor y seguían con su visita como si tal cosa. Era un cuadro más dentro del inmenso conjunto que es el Prado.

El sentido de la historia.

La fe del cristiano está profundamente arraigada en la historia. No se puede desligar ni del pasado, ni del presente, ni del futuro.

Un «arameo errante» (así define la Biblia a Abraham) partió hace 4000 años de Ur de los caldeos y con sus parientes y ganados se puso en camino hacia la tierra que le prometía Yawé, el Dios único en quien había puesto su confianza. Se fió plenamente del Dios que le pedía salir de su tierra para fundar un gran pueblo, en otro lugar, allí donde el mismo Dios le iba a indicar.

Abraham, padre de los creyentes, es el iniciador de una historia de fe que llega hasta nosotros. Es nuestro padre en la fe. A partir de él, sin interrupción, generación tras generación, millones de hombres y mujeres seguimos fiándonos de Dios al que a lo largo de la historia, de nuestra propia historia, vamos conociendo mejor. Es un largo camino lleno de momentos grandiosos y de situaciones desastrosas. Una historia tejida de encuentros y desencuentros de amor y desamor. A pesar de todo Dios sigue siendo fiel y ofreciéndose.

En un momento especial de la historia, Jesús de Nazaret, descubre con plenitud el rostro de Dios, padre amoroso que acoge y perdona; y sigue la historia, ahora con Jesús como gran referencia.

Y mi presente aquí y ahora, forma parte de la larga historia. Y mi futuro, aún por construir, también se integrara en ella.

Mi fe viene de lejos. Mi fe va tejida de la historia larga de los creyentes. Mi fe sigue hacia delante tejiendo de nuevo hacia el futuro. Cuando rezo, es mi oración de hoy, con palabras de hoy, pero también un eco de ayer y un susurro de mañana.

Y en el entramado de esa larga historia está ese momento en que Pedro Berruguete plasmó en su cuadro. Está esa época oscura de intransigencia y persecución. No puedo borrarla, ni debo ignorarla. Tengo que vivir con ella, con su peso y su recuerdo. Para no repetirla nunca, pero sabiendo que estuvo allí.

AUTO DE FE. CAPÍTULO XII

PEDIR PERDÓN

Cuando nos reunimos los cristianos el domingo, para celebrar el encuentro con el Señor en la Eucaristía, lo primero que hacemos al comenzar la liturgia, es pedir perdón: «Antes de celebrar los sagrados misterios, reconozcamos que somos pecadores».

Pocos grupos humanos, tal vez ninguno, empieza sus reuniones y asambleas de esta forma. Nosotros lo hacemos siempre. Todos los días, todos los domingos.

El cristiano tiene por tanto la convicción de que está aún lejos de su ideal. Sabe que necesita mejorar. Por ello pide perdón al Señor, y a los hermanos: «y ante vosotros hermanos, por qué he pecado...». Sabe que él contribuye a que el conjunto, la comunidad, la Iglesia, estén también lejos de su ideal.

Esta conciencia de necesitar la conversión, forma parte de la esencia de nuestra fe.

Ya en la primitiva Iglesia el asunto del perdón fue uno de los temas más debatidos. ¿Era posible perdonar? ¿Todo pecado? Y frente a las posturas rigoristas como las de los Donatistas o Novacionistas, la Iglesia optó por la comprensión y el perdón. Más aún, condenó las posturas extremas de los que se consideraban justos y despreciaban a los demás como vulgares pecadores. Y esta postura, la Iglesia la ha mantenido a través de los siglos.

Por eso causa tanta extrañeza que en un momento determinado la Iglesia adopte posturas de intransigencia, de exclusión, de persecución, de condena... ¿Qué había cambiado?¿Era el ejercicio del poder lo que operó esa transformación substancial? ¿Fue el miedo a lo desconocido o el miedo a la corrupción del cuerpo social?

Seguramente las causas fueron muchas y complejas. Los tiempos, y con ellos las personas, habían cambiado. Los que habían sido perseguidos, eran ahora los perseguidores. En muchos lugares y de muchas formas se optó por el rigor y la condena. Pero también por varias causas, parece que la Inquisición española se convierte en el modelo de esa intransigencia y dureza de la Iglesia, que no tolera la más mínima disidencia.

Y dentro de ese marco de la Inquisición, está el cuadro que mejor refleja esa intransigencia, si bien veremos que históricamente es equivocado: el «Auto de fe presidido por Santo Domingo».

(Otro cuadro que resume esta actitud de la Inquisición es el que pintó Ricci en la época de Carlos II del auto de fe que tuvo lugar en la plaza mayor de Madrid).

El «Auto de fe presidido por santo Domingo» es obra de Pedro Berruguete es de reducidas dimensiones y se puede contemplar en el museo del Prado de Madrid, donde ha ido a parar después de una azarosa historia.

Lo más curioso de todo, es que el cuadro que se ha convertido en el símbolo de la crueldad, es la historia de un perdón. Porque aunque no fuera frecuente, la Inquisición a veces perdonaba y el cuadro de Berruguete refleja la historia del perdón de Santo Domingo a un hereje que luego entraría en la orden de los predicadores.

No resulta fácil entender otras épocas ya pasadas. Entrar en un mundo que ya no es el nuestro, intentando hacer tabla rasa de tantas cosas... para situarnos en un tiempo anterior, pretendiendo recuperar el universo mental de aquella gente, comprender sus pasiones, sus miedos, sus ilusiones. Son muchos los equívocos posibles en los que podemos caer al hacer este ejercicio. Sin embargo tenemos que tratar de aproximarnos lo más posible.

¿Todos se hicieron perversos?¿Nadie fue capaz de ver un poco más allá de los hechos?

Por qué pedir perdón es en efecto una actitud coherente con la fe. Pero en una sociedad como la nuestra, puede hasta ser malentendido e interpretado como un simple oportunismo.

Cuando nos inclinamos y aceptamos nuestros errores, lo hacemos sabiendo que somos acogidos por la bondad inmensa de Aquel que nos quiere y nos sostiene. ¿Qué sentido tendría sino?

Con frecuencia, y en espera de una pequeña porción de morbo, la gente pregunta a los sacerdotes que sienten cuando alguien viene a confesar sus pecados. Creo que no cabe más que una sola respuesta: vergüenza.

Yo siento vergüenza, pero no del penitente que ante mí reconoce haberse equivocado. De él, o mejor dicho por él, siento admiración. Me descubro ante la fe da alguien que se lanza a un vacío con la seguridad de que Alguien está esperándole.

La vergüenza la siento por mí, al darme cuenta que estoy lejos de la verdadera actitud del cristiano, que aún me queda mucho que aprender y largo trecho por recorrer. El que pide perdón, me merece un respeto imponente. Tal vez por eso mi primer amigo en mi primer trabajo de sacerdote en Nueva York, fue mi primer penitente

Tampoco se trata de un ejercicio de masoquismo gratuito, o de un esfuerzo más en busca de una ataraxia tranquilizante. En el evangelio, el que es perdonado, celebra una fiesta, se siente libre y con ánimo para seguir adelante. El perdón libera, a todos, al que lo solicita y al que lo concede.

En la bula que convocaba el jubileo del año 2000, la «Incarnationis mysterium» del 29 de noviembre de 1998, el papa Juan Pablo II señala que una de las actitudes que podrían ayudar a vivir el jubileo es la «purificación de la memoria»

Más explícitamente señala el Pontífice que «la Iglesia... se ponga de rodillas... e implore perdón por los pecados pasados y presentes de sus hijos».

Es seguramente la primera vez, desde que Bonifacio VIII en 1300 proclama el primer jubileo, que la idea de pedir perdón como Iglesia, como comunidad que somos y caminamos juntos, aparece en una convocatoria de este estilo.

Tampoco ha sido una postura frecuente hasta los últimos años, en los que el Concilio Vaticano II ha arrojado una nueva luz sobre la realidad de la Iglesia, haciendo ver que su vocación de santidad está lejos de ser una realidad de aquí y ahora, y que es nuestra responsabilidad hacerla avanzar en la dirección de Jesús de Nazaret.

Fue Pablo VI quien pidió perdón por el espectáculo de división que ofrecemos los cristianos, y el 7 de diciembre de 1965 el papa Pablo VI y el patriarca Atenágoras, levantaban los mutuos anatemas que se habían lanzado mutuamente en 1054 la Iglesia Católica y la Iglesia Ortodoxa. ¡Nueve siglos!

Buena prueba de lo difícil que resulta a veces la actitud de pedir perdón, es que la comisión para las relaciones con el hebraísmo, ha tardado nada menos que 11 años en redactar un documento aparecido al fin en 1998 sobre: «Nosotros recordamos: una reflexión sobre la shoah»

En el siglo VI antes de Cristo, el profeta Ezequiel hace una llamada a la responsabilidad personal Ez 18,20: «El hijo no cargará con la culpa del padre, ni el padre con la del hijo». A Jesús le preguntaron un día: «Quien pecó, él o sus padres» Jn 9,2.

Pero eso no quiere decir que no seamos capaces de afrontar nuestra historia con gallardía. Si sabemos, y bien que lo sabemos, que no todo ha sido limpio en nuestro camino de Iglesia de casi 20 siglos, no cabe cerrar los ojos, esconder la cabeza e ignorar una realidad que está ahí, porque como bien dice el papa, «no debemos tener miedo a la verdad»

Enfrentarse a la verdad supone el esfuerzo de un análisis sereno, que sin minimizar los hechos, sea capaz de separar la historia de la leyenda, la verdad de la exageración, la realidad pasada de los intereses por ocultarla o por exagerar los hechos.

Un esfuerzo por conocer que la historia hubiera sido más humana y desde luego más cristiana, si se hubiera evitado la persecución, la imposición, la condena, la violencia y tantas actitudes que no tendrían que encajar en una personalidad cristiana.

Si centramos nuestra mirada en la Inquisición española, no es porque ignoremos otras situaciones parecidas en otros lugares y en otras épocas. Es porque tal vez representa uno de los momentos en los que la intransigencia alcanzó cotas más altas.

No se trata de contar el número de las víctimas para comparar con los perseguidos por las guerras de religión o la persecución de la brujería en Europa Central. El sufrimiento de una sola persona debería bastar para que tengamos que pedir perdón.

Por tratarse de un proceso largo, por haber ocurrido en nuestro solar patrio, por haber tenido tanta influencia y repercusión en nuestra historia y en la imagen que otros se hacen de nosotros, la Inquisición ofrece una excelente ocasión para «purificar la memoria». Y el cuadro de Pedro Berruguete, bellísimo por otra parte, una buena expresión de aquella historia tan llena de sombras, pero historia nuestra que tenemos que asumir.

Es un cuadro bien conocido, muy utilizado y que se encuentra en un lugar de fácil acceso: el mueso del Prado de Madrid.

Por eso ir allí, si es posible, mirarlo con detenimiento, entrar en él y con toda sencillez, decid: perdón.

A vueltas con el perdón.

Juan Pablo II en su discurso a la sinagoga de Roma de 1986 dijo que «la relación de la Iglesia con el pueblo hebreo es diversa de la que convive con cualquier otra religión» y un poco después añadía «es una historia atormentada».

Jesús, sus discípulos, la madre de Jesús,... eran hebreos, educados en la Ley de Moisés.

Bien es cierto que en el evangelio de Lc se tiene buen cuidado de señalar que Jesús era de la descendencia de David y por tanto natural de Judea mientras que la mayoría de sus discípulos eran galileos. El mismo pasó gran parte de su vida en Nazaret de Galilea.

Galilea era una región que había sido repoblada con pueblos no judíos tras la caída del Reino del norte en y luego conquistada otra vez para el judaísmo en tiempos de los Asmoneos. De hecho los galileos tenían poca fama de piadosos y en cierta forma eran considerados de segunda clase en cuanto a su adscripción religiosa.

Sea como fuere, el grupo que se reúne en torno a Jesús estaba educado en el judaísmo, eran creyentes y cumplen con los deberes religiosos, aunque el Maestro tuvo problemas con los fariseos por la forma estrecha e inhumana a veces, que estos tenían de interpretar la ley.

En un primer momento resulta difícil para los romanos, distinguir entre los judíos y los seguidores de Jesús. No eran especialmente sutiles para las cuestiones religiosas y mucho menos para las diferentes religiones nacidas en oriente. Por tanto, a estos que anuncian la resurrección de Jesús al que llaman el Mesías y el Señor se les considera un grupo más dentro del agitado mundo del judaísmo.

En los Hechos de los Apóstoles se dice que los miembros de la primitiva comunidad cristiana de Jerusalén, con su jefe Santiago al frente, van a orar al Templo todos los días.

Este Santiago, es el llamado hermano del Señor y no perteneció al grupo de los doce discípulos.

La separación se va haciendo cada vez más profunda. El Sanedrín trata de abortar a estos seguidores del crucificado que continuamente interfieren mostrando un estilo de vida diferente y sobre todo, proclamando sin cesar que «Aquel a quien vosotros crucificasteis, es el Señor»

Era una acusación muy directa como para dejarla pasar sin un castigo adecuado. Y eso pretenden al condenar a Esteban a la pena de muerte reservada a los blasfemos, la lapidación.

Luego, aprovechando un momento de vacío de poder por parte de Roma, antes de que llegue el nuevo prefecto de Siria, condenan a muerte y ejecutan a Santiago.

No mucho antes han encarcelado a Pedro y Juan.

Parece que la táctica es atacar a los cabecillas del grupo dejando de lado a los demás. En realidad esta primera persecución de la Iglesia lo que va a conseguir es la dispersión de los miembros de la comunidad de Jerusalén, y la propagación del mensaje cristiano fuera de Palestina.

El año 70 marca un giro importante en la historia de los judíos. Vespasiano ha preparado el asalto a Jerusalén pero tiene que volver a Roma al ser elegido emperador. Su hijo Tito le sucede en el mando de las tropas de asalto y Jerusalén es destruido, arrasado el Templo y todas las instituciones que mantienen al pueblo, desaparecen con esta conquista que va a ser definitiva, pues algunos brotes esporádicos posteriores, no logran restaurar la situación anterior. Masada, último refugio de resistencia, caerá años después, pero en realidad no era sino un pequeño punto, más simbólico que otra cosa, dentro de un panorama de desolación para el pueblo judío.

Parece que es el fin de una religión que ya entonces era milenaria. No fue así. El rabino Hillel logró escapar del cerco de la ciudad y con sus libros establece la cabeza de puente de renovado Israel. Con un grupo de notables se reúne en concilio para establecer las bases del futuro. Ya no será el Templo sino la sinagoga, el centro de la religión.

Dentro de las varias posibilidades que se ofrecen para el futuro, se adoptó la línea farisea y se renegó de las otras líneas posibles como la saducea, la zelota, la esenia... la cristiana. Incluso en la oración diaria se incluye una condena a estas ramas consideradas heréticas, y se pide por su condenación. En la ciudad de Janmia ha nacido el judaísmo renovado de después del segundo Templo. La ruptura con la comunidad de seguidores de Jesús, es ya total y definitiva. A estos, en Antioquía les empiezan a llamar cristianos.

Si es verdad que ya había importantes colonias judías en muchos lugares, a partir de ahora, la diáspora es completa. También los cristianos se van a extender por el mundo y con el tiempo llegarán a ser no solo religión lícita como era el judaísmo en el mundo romano, sino la religión de la mayoría y luego la oficial de la cuenca mediterránea.

Los siglos IV y V son para los cristianos de lucha dogmática para establecer su credo y volcar las enseñanzas de Jesús en molde griego. Siglos de herejías y Concilios.

También el cristianismo es la religión de los nuevos pueblos bárbaros que conquistan el Imperio. Y tras años en ocasiones de pueblos arrianos, vuelven a la ortodoxia para ir configurando la cristiandad.

No sabemos con exactitud cuando llega a la península ibérica el primer contingente de judíos. Pero no es importante el dato. Si sabemos que en el siglo VIII cuando los árabes invaden la Hispania visigoda, los judíos colaboran con los invasores pues prefieren este nuevo yugo que el que tenían antes que soportar.

Con frecuencia se ha hablado del modelo de convivencia de las tres religiones del libro durante los siglos de dominación árabe. No deja de ser una exageración. Hay algo de cierto en esa armonía de los españoles, pero en realidad se trata de tres sociedades separadas que raramente se mezclaban. Judíos y cristianos pagaban impuestos a los dominadores árabes. Estos, muy pragmáticos, preferían tener en estos impuestos de las otras religiones una fuente de beneficio económico, antes que intentar su conversión al Islam.

Además los musulmanes de España no eran precisamente los más fervientes seguidores del Profeta y de tiempo en tiempo se veían invadidos por grupos más intolerantes y fanáticos que imponían sus leyes incluso a sus hermanos de religión. Así llegan a España en el siglo XI los almoravides que vienen de las estepas del Sahara llamados por los reyes de Taifas, y derrotan a Alfonso VI en la batalla de Sagrajas, cerca de la actual Badajoz. Con el tiempo se fueron relajando en su celo religioso y en sus costumbres y en el siglo siguiente llegaron los almohades provenientes de la región del Atlas.

Durante la edad media los judíos viven en aljamas, entidad jurídica propia que vela por sus miembros y regula sus instituciones. Las aljamas de Castilla estaban relacionadas entre ellas y había una especie de Rabí supremo al que todas escuchaban. En el reino de Aragón cada aljama es más independiente.

Poco a poco los principales elementos de la sociedad judía van cobrando relevancia social. Se convierten en médicos de reyes y nobles, banqueros de las empresas reales, (a los cristianos se les prohibía la usura, el préstamo a interés y por eso esta función la cubrían los judíos) artesanos de lujo... Y eso suscita envidias por parte de los demás que aunque lleven generaciones viviendo en Hispania, no dejan de considerarles extranjeros y peligrosos.

Cada poco tiempo se produce un intento de convertir a los judíos. A veces se les obliga bajo pena incluso de muerte. La Iglesia siempre mantuvo que un bautismo forzado no era válido. A pesar de ello muchos de los que se bautizan no lo hacen por haber cambiado su fe, sino por poder seguir viviendo. Cada vez es mayor el rechazo social. La costumbre española de hacer la matanza en la calle e invitar a los vecinos, era una forma para descubrir a los judíos encubiertos, que tienen prohibido comer carne de cerdo. Aquellos que no participaban en la fiesta de la matanza, se delataban a sí mismos como judíos.

Pero no eran los judíos los que más preocupaban. Eran los conversos, los que en teoría habían abrazado la fe cristiana por el bautismo. Se sospechaba que algunos o tal vez muchos de ellos, en realidad seguían siendo judíos y practicando su religión en secreto. Estos eran el verdadero peligro, pues desde dentro podían minar las estructuras de la Iglesia. Ellos eran los que se llevaban las formas consagradas a casa para sus ritos secretos, ellos eran los que maldecían al recibir la comunión... y mil inventos más que la fantasía popular colocaba en aquellas gentes.

Había incluso quien estaba convencido de saber que existía un plan a largo plazo para acabar con el cristianismo.

La envidia, el miedo, la injuria, el desconocimiento... todas las bajezas del espíritu humano se unieron para crear una atmósfera irrespirable.

Expulsados los judíos, el objetivo claro ya son los conversos: La maquinaria de la Inquisición puso en ellos todos sus objetivos. Había que saber, inquirir, si eran en verdad cristianos o solo lo eran en apariencia. Y como la Iglesia sola no era suficientemente eficaz, el brazo político se unió al eclesiástico para así golpear con mayor fuerza y precisión.

Luego la Inquisición también persiguió a luteranos y a brujas, a sacerdotes solicitantes y homosexuales, pero el verdadero objetivo lo tuvo siempre en los conversos.

La Inquisición episcopal y papal, había perseguido a los herejes albigenses, valdenses, cátaros... del sur de Francia. Santo Domingo participó en esta lucha de la ortodoxia. El cuadro de Berruguete representa a un hereje perdonado que dice la leyenda se llamaba Raimundo y tras ser perdonado por el tribunal ingresó en la orden de predicadores.

El miedo a los conversos fue también el detonante de las leyes de pureza de sangre. Hasta las órdenes religiosas se vieron sacudidas por estas oleadas de intransigencia: los jerónimos contaban entre sus frailes con muchos descendientes de conversos, y aunque al principio se opusieron a aplicar la pureza de sangre entre sus monjes, no tuvieron más remedio que ceder a esta medida tan segregacionista e injusta.

Hasta Santa Teresa pertenecía a una familia de conversos...

REFLEXIÓN FINAL

Una de las preguntas que me quedan en mi interior, y que no logro responder, es como puede ser que gente normal, incluso buena, durante tanto tiempo, pudiera vivir con todas las contradicciones que la Inquisición llevaba dentro de su propia naturaleza.

La primera de todas hasta figura en su propio escudo. Allí se puede ver el olivo que significa el perdón y la espada que simboliza la justicia. Pues bien, parece que la Inquisición las hacía incompatibles. O dicho de otra forma, aunque existía dentro del proceso inquisitorial la posibilidad del perdón, este era poco frecuente y siempre seguido de una atroz penitencia lo que enmascara de todas maneras la esencia del perdón de Dios: la generosidad.

Basta con acercarse mínimamente al evangelio, a cualquiera de los cuatro, para comprobar que el perdón de Jesús es uno de los elementos esenciales de su actividad y que ese perdón es el reflejo del perdón de Padre.

Cuando Jesús perdona, no se impone penitencias. Cuando el padre perdona, no exige nada a cambio. Basta querer ser perdonado.

Y luego se celebra una fiesta, porque nada tan liberador como saberse perdonado.

Zaqueo invita a un banquete. El Padre del hijo pródigo, mata el ternero cebado.

En el evangelio aprendemos que la esencia del perdón de Dios, lo que le hace tan diferente de cualquier otra forma de perdonar, está no en nuestros actos, sino en el gran amor que el Padre tiene por todas y cada una de sus criaturas.

Lo que nosotros hacemos, pedir perdón, volver a la casa del padre, devolver lo robado, no pecar más... es importante. Pero lo esencial es que Dios a pesar de todo y por encima de todo nos quiere y nos vuelve a dar una oportunidad.

Y esto es así de tal forma, que el perdón de Dios viene a devolvernos la confianza en nosotros mismos, la dignidad perdida, el respeto que nos merecemos por ser hijos de tal Padre.

Que forma tan diferente de entender el perdón tenía la suprema. Exigía no solo arrepentimiento, sino reparación extrema. Y no solo por parte del culpable o presunto culpable, sino también por parte de todos los que le rodeaban y de todos los que le sucedieran.

Una segunda contradicción radica en el hecho de que Jesús, su familia, sus discípulos, los primeros cristianos... eran todos judíos. Iban al Templo, cumplían con los preceptos de su fe, rezaban como rezan los judíos, esperaban como esperan los judíos... Para ellos la Sagrada Escritura era fuente de revelación divina y su vida se enmarcaba dentro de las normas y preceptos que de ahí emanaban.

Jesús no se enfrenta a la Ley. Se enfrenta a una forma de entender la Ley que pone al sábado por delante del hombre. Jesús no se enfrenta al Templo, se enfrenta a un Templo lleno de mercaderes y cambistas que se ha convertido en el gran negocio de las castas principales. Jesús no se enfrenta con las prácticas piadosas de los fariseos, como eran la limosna o el ayuno. Se enfrenta con la utilización de esas prácticas para figurar, para ser admirado por los demás, para ocupar los primeros lugares...

Jesús amaba a su pueblo. Quería a sus gentes. Y en especial se preocupa por los débiles, los desprotegidos, los sin nadie que les defienda.

Jesús conocía la escritura y la utiliza en su oración y en su predicación. Es la fuente de donde bebe para darnos a conocer en verdad al Padre.

Durante el primer siglo de la era cristiana, la comunidad de seguidores de Jesús que vive en Jerusalén y que es presidida por Santiago, apenas se distingue de cualquier otro grupo del judaísmo de su tiempo. La única diferencia es que anuncian que Jesús es el Señor.

Pero van al Templo todos los días y viven al estilo de los demás judíos. Incluso al principio se plantea la cuestión de si hay que pasar por el judaísmo para ser cristiano.

Cuando a fines del siglo primero lo que queda del judaísmo se reúne en Jannia para decidir el camino que hay que seguir ahora sin Templo y sin Tierra, triunfa la línea fariseo y los «nazarenos» (así llamaban a los primeros cristianos dentro del judaísmo de Jerusalén) son expulsados definitivamente.

Pero tanto estos seguidores de Jesús como los que se han dispersado tras la muerte de Santiago y la persecución a la que son sometidos y van sembrando la fe en Jesús dentro de un mundo diferente al judío, leen la Escritura y beben en ella la Palabra de Dios.

Bien es verdad que añaden el Nuevo Testamento, pero también es verdad que a la hora de definir la Iglesia el canon de la Escritura, apenas en unos pocos textos tardíos se diferencia del canon judío.

¿Cómo se puede entender que un mismo libro sea arma arrojadiza de unos y otros?

La Inquisición trató de salvar este escollo culpando de todos los males al Talmud. No era la Escritura sino el Talmud quien había cerrado las mentes de los hebreos para no ver en Jesús al Mesías esperado y deseado. Era el odio de los rabinos de Jerusalén, de Babilonia, de Constatinopla... el que había sembrado en las mentes de su pueblo el rechazo al Salvador.

Y sobre el Talmud cargaron todas las culpas. Varias controversias hubo sobre el Talmud tratando de dar a este odio visceral, carácter científico. Se intentaba probar la falsedad de las afirmaciones vertidas en el Talmud y demostrar que eran fruto del odio y contrarias a la verdadera tradición de la Escritura.

Se intentó también expurgar el Talmud de cualquier afirmación que pudiera ser hiriente o contraria al cristianismo. Y como tantas veces, en diversos lugares y en diferentes épocas, se llevaron miles de ejemplares del Talmud a la hoguera para que el fuego purificara sus errores y el viento aventara sus cenizas.

Mientras unos y otros seguían rezando a Dios con los Salmos. Y si en la Sinagogas se leían los textos de los profetas, esos mismos textos se usaban en las abadías y se transmitían en las universidades.

Una tercera contradicción era que de hecho se establecían diferentes categorías de cristianos. El bautismo, sacramento que según la sana doctrina de la escolástica actúa «ex opere operato» es decir independientemente de quien lo administra y de a quien es administrado, sin embargo no vale de la misma forma para unos y para otros.

En unos, en los cristianos viejos, actúa conformando al sujeto con Cristo como dice Pablo a los cristianos de Roma: los que habéis sido incorporados a Cristo.

Con otros, con los conversos, con los cristianos nuevos, el efecto parece ser más suave, no tan claro. La conformación con Cristo es menos fuerte.

Estos bautizados, más que por Cristo deben salvarse por una lista de antepasados que pruebe su limpieza de sangre. Mientras eso no quede claro, serán sospechosos.

Muchos cristianos vieron esta profunda contradicción y la denunciaron. Muchos teólogos comprendieron lo peligroso que era entender que podía haber diferentes clases de cristianos de más o menos categoría. Era abrir un peligroso precedente, pero sobre todo era contradecir el mensaje del propio Jesús en lo más esencial.

A pesar de todo, pudo más el miedo. Se impuso el recelo y la sospecha.

Porque si es verdad que hubo conversos que mantenían en secreto las prácticas judías. Pero era así por que habían aceptado el bautismo por miedo, por interés espurio o simplemente para poder sobrevivir.

Y aquí encontramos una nueva contradicción. ¿Qué sentido tiene un bautismo impuesto por la fuerza? ¿Qué sentido tiene que una religión como el cristianismo que se basa en el amor de Dios, el amor a Dios y el prójimo, se imponga a nadie por la fuerza? ¿No debe ser la fuerza del amor y no la violencia, lo que nos lleve a descubrir al Dios que anuncia Jesús de Nazaret?

Pero hubo más. Muchos de los peores perseguidores eran conversos. Un sistema de miedo y delación, provoca la necesidad de una permanente justificación por parte de aquellos que pudieran resultar sospechosos. Por eso los conversos se esmeraban en al cumplimiento de las leyes, en las delaciones a sus antiguos hermanos y en la exigencia de rigor a la hora de los castigos.

Y para colmo, en una sociedad tan movida a lo largo de los siglos, tan mezclada por las diferentes llegadas de gente nueva, casi todos tenían entre sus antepasados personas que habían profesado el Islam o el judaísmo.

Los Reyes Católicos descendían de conversos. Fernando por parte materna e Isabel por Catalina de Lancaster su abuela, nieta de conversa. Además ambos descendían de Enrique II el primer rey de la casa de Trastamara que también llevaba sangre de conversos.

Trastamara, el Gran Inquisidor, también tenía antecedentes conversos como los tenía Fray Luis de León y Teresa de Jesús.

Y si hoy buscamos la limpieza de sangre, ¿quien puede negar a priori tener un tatarabuelo carlista o liberal, masón o protestante?

Tres generaciones son suficientes para que la situación de una familia haya cambiado radicalmente y haber desaparecido las trazas de una situación anterior.

Incluso se llegó a un extremo aún más absurdo.

Hubo momentos en que se pidió a los rabinos, que ellos mismos delataran a los conversos que mantuvieran prácticas judías.

Esto iba contra la ley, ya que un judío no podía acusar ante un tribunal a un cristiano. ¡Y después de establecer esta ley claramente injusta y discriminatoria, se pide que se actúe en contra de la misma!

No se puede pedir mayor absurdo jurídico. Una vez más el procedimiento empleado por la Inquisición caía en otro contrasentido.

Como también era absurda la justificación que se buscaba cuando se procedía contra alguien equivocadamente por una denuncia falsa o un error en los nombres de los acusados, o cualquier otra circunstancia de evidente injusticia. Por que los jueces de la Inquisición eran conscientes de esa posibilidad por más que quisieran evitarla. Lo normal hubiera sido establecer unas cautelas de tipo jurídico que al menos en lo posible, evitaran estoa errores. Sin embargo la disculpa que se utilizaba era semejante a la de Simón de Monfort cuando arrasaba una ciudad y aniquilaba a todos su habitantes: Dios escogerá a los suyos.

Ahora no resultaba muy diferente la disculpa. El mal que se podría seguir en caso de dejar libre a un culpable, era superior al que se seguía castigando a un inocente.

Curioso razonamiento que nos resulta de todo punto inaceptable a mentalidades que sienten el más mínimo respeto por la persona y piensan que es inviolable su dignidad incluso en el peor de los casos. Lo malo es que para razonar de esta forma, no se precisa haber estudiado derecho ni conocer la historia de los derechos humanos. Basta con una atenta lectura del evangelio y los cristianos, desde el primer momento, así lo entendieron.

Una vez más el miedo, el poder,… nubla los espíritus y les hace ignorar incluso aquello que puede ser más elemental.

Con estos mimbres, no es raro que la Inquisición se convirtiera en demasiadas ocasiones en el instrumento ideal para las más turbias manipulaciones.

Venganzas de vecinos que deseaban adueñarse de unas tierras que sus padres habían perdido. Rencillas de familiares que no estaban de acuerdo con el reparto de una vieja herencia. Intentos de los deudores de evitar tener que pagar una suma prestada hace tiempo y que resulta gravoso devolver. Aspiraciones inconfesables para lograr un puesto en la administración o en el ejército. Disputas de escolares que aspiran a las mejores cátedras o que no perdonan haber sido derrotados en unas oposiciones previas…

Y tantas y tantas causas como la pequeñez humana es capaz de intentar solucionar pro los caminos fáciles de la condena al que piensa diferente o simplemente al que tiene algo que yo deseo.

Una sociedad en la que esto es posible, vive con el miedo permanentemente metido en el cuerpo. Como vive con miedo de la posible epidemia o de la cosecha perdida. Y una sociedad con miedo no es libre. Y no es libre nadie, porque nadie está exento de poder caer en estas situaciones. Y la prueba de ello es que obispos, sacerdotes, miembros eminentes del clero y la nobleza, personajes de la cultura y el arte... todos estaban sometidos a esa posibilidad de resultar un día perseguidos por la Inquisición y verse en la difícil situación de tener que demostrar la inocencia.

Por qué además en los procesos de la Inquisición una contradicción más había que sumar. La rapidez con la que se ejecutaba la denuncia y la lentitud de un procedimiento que duraba años y que encima de alguna manera se prolongaba en las siguientes generaciones.

Seguramente la excusa era la necesidad de tener pruebas suficientes, la lentitud en lograr las declaraciones, el tiempo necesario para comprobar los hechos... en definitiva las garantías jurídicas.

Pero lo malo era que esas garantías, que seguramente se procuraban prolijas y detalladas lo que sin duda exige tiempo, no se tenían desde el primer momento en el que una persona era detenida y comenzaba el largo calvario para él y su familia.

La condena tradicional de la Iglesia para los casos de herejía, había sido durante siglos, la excomunión, es decir la separación de la Iglesia, el alejamiento de la comunión eclesial. Ese fue el castigo de los herejes tradicionales. En Nicea Arrio y sus seguidores quedan excomulgados.

Era un castigo terrible y temido. Quedar fuera de la comunión de la Iglesia suponía no poder acceder a los sacramentos.

Pero seguramente la Iglesia abuso de la utilización de este castigo. No solo personas, sino pueblos incluso países enteros, fueron castigados con la excomunión. Un abuso que hizo que poco a poco se le fue perdiendo el miedo y sobre todo el sentido a algo que estaba en manos arbitrarias y que se empleaba arbitrariamente como arma más que como último recurso frente al error.

Por eso seguramente la Iglesia buscó otros castigos de orden físico, que sustituyeran a la excomunión que había dejado de ser algo temible.

Y en esta búsqueda de nuevas formas de castigo imita al poder civil que desde siempre empleaba la tortura, la cárcel, la condena a muerte.

Uno tiene la impresión al leer la historia de los comienzos de la Inquisición española, que los Reyes sorprendieron en su buena fe al

Pontífice. Sabían que no podía enfrentarse al poder que representaba Castilla unido a Aragón y que por lo tanto acabaría por acceder a la pretensión real de ser ellos los últimos responsables del Tribunal.

Para los Reyes la unidad religiosa era la única unidad posible que podía ser la base de unos reinos demasiado complejos para poder ser gobernados, si no había un elemento común y de fuerza suficiente que estuviera por encima de las muchas diferencias que eran al fin y al cabo fuerzas disgregadoras. En su plan de política conjunta, la unidad en la fe resultaba por ello esencial incluso desde el punto de vista político. De otra forma es difícil de entender ese interés tan especial que les hace recurrir una y otra vez a la instancia del Papa, hasta lograr su propósito.

No hay duda de la piedad sincera de Isabel. Otra cosa se podría decir de la de su marido, más capaz de adaptar su actuación a las necesidades de su política. Pero incluso suponiendo su sincero amor a la Iglesia, el matiz político de la Inquisición tal como se organiza en Castilla y luego en Aragón está fuera de toda duda.

También llega la Inquisición a las nuevas tierras de América donde curiosamente, los naturales estaban exentos, ya que se les suponía destinados naturalmente, a la evangelización y al bautismo.

En México y en Lima, que son los primeros obispados de América, se establecen los tribunales siguiendo el modelo español y con objetivos similares a los que tenía en la metrópoli.

Dentro de este objetivo político-religioso, entre la Iglesia y el poder civil se llega a un acuerdo un tanto cínico que trata de salvar la conciencia de unos y otros utilizando lo que a todas luces no deja de ser una ficción jurídica: la relajación.

Este autoengaño, que no debería haber engañado a nadie por lo burda de su trama, funcionaba así: el tribunal formado por gente de Iglesia, teólogos y juristas, juzga y cuando encuentra al reo culpable le impone una pena que puede ser la muerte en la hoguera. Pero no se mancha las manos ejecutando la condena. Entrega al culpable al brazo secular.

Este recibe al reo ya juzgado y sentenciado y ante el horror de sus crímenes, probados por el tribunal, no tiene otro remedio que ejecutar la sentencia que le ha sido impuesta.

De esta forma, cada instancia parece querer culpar a la otra de la ejecución y lavarse las manos de algo, que en el fondo, considera terrible: la pena de muerte.

www.ingramcontent.com/pod-product-compliance
Ingram Content Group UK Ltd.
Pitfield, Milton Keynes, MK11 3LW, UK
UKHW022224230426
12048UKWH00016BA/1050